LES PETITES ROULETTES DE LILI

Valérie Battaglia

LES PETITES ROULETTES DE LILI

© 2024, Valérie Battaglia
ISBN : 978-2-3225-4052-5
Édition : BoD · Books on Demand, 31 avenue Saint-Rémy,
57600 Forbach, bod@bod.fr
Impression : Libri Plureos GmbH, Friedensallee 273,
22763 Hamburg (Allemagne)
Dépôt légal : décembre 2024

Chez moi,
Samedi 27 juillet 2024

Quelle joie de vous trouver ou de vous retrouver !

Je vous invite, au fil des pages, à marcher pour un instant ensemble sur mon chemin.

Ce livre est dédié à mes deux figures paternels, Joseph, mon grand-père maternel et Georges, mon tonton Chou.

Merci grand-père pour m'avoir raconté des histoires « de c'était comment quand t'étais jeune, de quand tu as rencontré mémé, de comment c'était pendant les deux guerres, de à partir de quand tu as rêvé en français... », allongés, dans les bras l'un de l'autre, ma tête d'enfant aux joues rondes et aux boucles brunes reposant sur ta poitrine.

Merci à mon tonton pour avoir installé les petites roulettes sur mon vélo, d'avoir fait la bagarre sur le lit, d'avoir chanté avec moi, de m'avoir offert tes genoux et tes bras pour me rassurer...

Merci à vous trois, pépé, mémé et tonton d'avoir été là.

Ce roman est basé sur une histoire presque vraie.

Toute ressemblance avec des personnages existants n'est pas forcément purement fortuite !

J'ai le trac...

Avec tout mon Amour,

Lili (surnom donné par mon tonton Chou)

A la fin de l'histoire,
je serai mon plus grand juge.

La route a parfois été longue et sinueuse et, dans ces moments-là, j'avais l'impression que je n'en verrais jamais le bout. Et dès que j'en voyais la fin, je me retrouvais à la croisée des chemins !! Quelle décision prendre ? Je sais que le choix que je fais au moment où je le fais est le bon. Je ne peux me tromper car la vie me ramène toujours sur ma ligne directrice. Quoi qu'il en soit, je m'asseyais, revenais au calme afin de prendre la décision la plus centrée possible sur l'instant et ainsi commencer un nouveau chemin.

J'ai vécu des épreuves. Je n'ai pas toujours été comprise. Je me suis retrouvée isolée, rejetée, abandonnée, trahie. Ces apprentissages étaient nécessaires. C'était le prix à payer pour évoluer. Ce n'est que plus tard que j'ai compris la portée de ces épreuves. Tout s'est imbriqué. Et même si je ne vois pas encore le « tout » aujourd'hui, cela m'a permis d'avoir une autre vision du monde qui m'entoure. Et surtout de moi. Cela m'a forgée et construite.

La tristesse de ces expériences avait restreint mon regard et je ne voyais plus le reste, c'est-à-dire les opportunités. Pourtant la cage a toujours été ouverte et j'ai toujours eu le choix. Et comme mon regard était rapetissé, à ce moment-là, je suis passée en mode survie. Je n'arrivais pas à organiser des pensées claires, ordonnées, avec du discernement. Et là, c'est le plongeon, tête baissée dans les croyances limitantes. C'est effroyable car je m'associais à mes pensées (je suis ceci et cela et je ne peux faire de façon différente). Alors, qu'en réalité, je ne suis pas mes pensées. Je suis un être illimité.

Quand j'ai enfin ôté mes œillères, c'est là que j'ai pris conscience que derrière chaque épreuve se cache une opportunité (le cadeau caché ou mal emballé, peu importe le nom qu'on lui donne).

Comme une enfant qui apprend à faire du vélo, j'ai longtemps eu besoin des petites roulettes stabilisatrices. Jusqu'au moment où j'ai réussi à m'équilibrer. Jusqu'au moment où la petite Lili apeurée a fait place à la femme que je suis aujourd'hui. Qui a son tour, a rassuré et séché les larmes de la petite fille.

Je ne suis pas seule sur ce chemin. Il y a beaucoup de personnes autour de moi que ce soit dans la matière ou dans le subtil (guides, maîtres ascensionnés et ancêtres). Chacun, à sa façon, m'aide à évoluer, à avancer, à y voir plus clair.

Récemment, j'ai vécu un déblocage mental et émotionnel. Il est arrivé après une longue période de réflexion pendant laquelle j'ai regardé la situation sous un autre angle. Puis, sans que je m'y attende tout est devenu très clair : je n'étais plus prisonnière de l'obscurité, la lumière est apparue. J'ai avancé vers elle.

J'ai déjà beaucoup trié dans ma vie, et sur tous les plans. Et là, un nouveau tri de tout le vieux, l'ancien. Il en restait encore ! Tout ce qui n'a plus de place dans ma vie matérielle, relationnelle, ma façon de penser, mes croyances, oust ! à la poubelle et direction le recyclage céleste.

J'ai expérimenté une forme d'élévation et de bond en avant. J'ai fait un bond en avant et le feu de l'impulsion (clarté d'esprit, pureté) m'a emmené vers quelque chose de plus haut. Je suis comme suspendue dans le ciel et en même temps j'avance.

L'impulsion c'est ma petite fille intérieure. Celle qui suit son cœur, ses passions, ses envies, son enthousiasme. Celle qui reconnait et se joue de l'illusion aussi. Illusion dans les relations ou les situations. Je sais ce qui est juste de ce qui ne l'est pas. Je suis reconnectée à ma flamme intérieure, à cette petite fille.

En fait, la révélation c'est tout simplement que mon enfant intérieur a enfin eu toute la liberté pour apparaître à l'adulte que je suis. Nous œuvrons ensemble, main dans la main. C'est l'alliance de la folie juvénile et de la sagesse de l'adulte.

C'est à partir du moment où j'ai laissé mon enfant intérieur se révéler à l'adulte que je suis et en libérant ma joie intérieure, mon enthousiasme, ma créativité que les changements radicaux dans mon quotidien sont intervenus.

Mon chaudron bout toujours mais c'est un feu apaisé. Il est paisible intérieurement. C'est tranquille parce que l'adulte et l'enfant œuvrent ensemble.

L'enfant, je l'associe au cœur et l'adulte au mental. Le cœur me montre la direction que je veux suivre et le mental lui dit : « Ok, on va aller dans cette direction, on va faire ce que tu veux mais il y a différentes étapes à franchir avant. Donc pour ce qui est de l'organisation, c'est toi qui m'écoutes… »

C'est mon enfant intérieur qui me pousse à évoluer et c'est l'adulte, le sage en moi qui m'amène cette force pour avancer sur ce chemin.

J'ai aussi compris que c'est en acceptant toutes mes émotions que je les apaise. Toutes les émotions ont leur place dans mon existence. Par exemple, l'enthousiasme et la joie sont des émotions dites « positives », très agréables à ressentir et me donnent la direction à suivre. Mais toutes les autres émotions comme la peur, la tristesse, la rancœur, etc (émotions dites « négatives ») ont aussi leur place dans ma vie pour me faire trimer sur des choses que, parfois, je ne veux pas voir. Les émotions sont là pour m'apprendre et maîtriser l'être que je suis. J'accepte leur présence, les accueille et les entends. En les acceptant, accueillant et entendant, elles s'apaisent. Elles ne me font plus souffrir aussi longtemps qu'elles ont pu le faire. Quand l'émotion est là, je me mets à son écoute et tente de comprendre ce que cela réveille en moi ou pas. Parce que parfois, il n'est nul besoin de comprendre. Parfois, c'est de la libération car l'émotion était enfouie depuis bien longtemps. Alors je pleure. Il m'arrive aussi de me réveiller avec tristesse ou colère. Et c'est ok. Demain est un autre jour. Je me sentirai mieux. J'accueille cette émotion et le chaudron reste paisible et j'avance de façon progressive, graduelle.

J'ai changé les choses à l'intérieur de moi. J'ai à la fois trouvé ma vérité intérieure, qui je suis, ma valeur et j'ai aussi laissé de la place à cet enfant à l'intérieur de moi qui a son mot à dire. Main dans la main, l'enfant et l'adulte me permettent d'évoluer.

Les émotions s'apaisent, le mental s'apaise. C'est la fin du tumulte. J'accepte qui je suis dans l'instant présent car c'est dans l'instant présent que je construis mon avenir.

Chemin 1
La diseuse de bonne aventure

« Je ressens beaucoup d'énergie, beaucoup de tumultes et je vois que c'est vraiment très… comment dire ? Vous aspirez maintenant à quelque chose qui vous calme et surtout qui vous apaise. Il y a aussi cette envie de bouger, cette envie de changer de dynamique, de routine…

Bon ben je vous le confirme, vous êtes en plein dedans ! Bravo !

Voyons ce que les cartes ont envie de vous dire… ?

Des ombres… oui… Beaucoup, beaucoup d'énergie qui va un peu dans tous les sens… Vous avez la Force et en même temps l'Ermite… biiiiiien… Ok…

Alors actuellement vous êtes dans une phase de confiance. Vous savez où vous mettez les pieds et ça c'est très très bien. Et en même temps vous êtes dans une quête de vérité. Vous voulez savoir à tout prix si vous êtes juste, si vous faites bien. Bref ! En tout cas vous avez la connaissance pour mettre en œuvre cette Force, ces qualités que vous avez et surtout vous avez euh… En effet, vous reprenez du poil de la bête. On me montre aussi que vous prenez du recul pour avancer et parfois c'est inversé.

Alors… Soit, vous êtes dans une situation de force et vous observez pour être juste dans ce que vous voulez faire, soit vous vous mettez en retrait pour vous ressourcer afin de retrouver votre confiance. Votre force, votre vitalité pour aller de l'avant... C'est excellent ! C'est une bonne philosophie, une bonne tactique pour vous retrouver dans vos énergies.

Vous avez vraiment cette connexion. Vous pouvez vraiment faire confiance à votre intuition ! Magnifique ! Bingo ! Ça ne m'étonne pas : vous avez le Pape. Le Pape, c'est l'enseignant, le spirituel. Ça peut être votre guide. Ça peut être le divin en vous. Donc bravo ! Ça ne m'étonne pas que vous ayez cette maturité-là ! Et que vous avez vraiment envie de faire juste ! Bravo !

Qu'avons-nous là ? Les Amoureux... l'hésitation... On verra pourquoi si c'est en effet une question vibratoire amoureuse... tentation... hésitation... on y reviendra...

Ah ! Le Chariot ! Vous voyez, vous avez ce qu'il faut pour y arriver. C'était vraiment focus à y arriver... Excellent ! Secteur professionnel : la Lune, intéressant... waouh ! Ouh la la ! Le fameux couple spirituel...

Nous avons nos trois maisons et là nous avons la Roue de la fortune... Qu'est-ce qu'on a envie de vous dire ? Biiiien...

Qu'est-ce que je prends ? Ce jeu ? Mmmmm... Non ! On va prendre plutôt celui-là. Ok... Bien ! Allons voir...

Donc vous avez la connaissance. Vous avez le savoir. Vous êtes dans cette dynamique de véracité et vous marchez dans les clous. Pourquoi le Pape ? C'est quelqu'un qui a une grande connaissance, sagesse mais c'est aussi quelqu'un qui sait bien parler et il est possible que vous soyez une bonne narratrice. Vous avez la capacité de transmettre votre savoir et on vous fait confiance. C'est ce qu'on me dit : autour de vous, les gens qui sont à vos côtés se sentent bien à votre contact. Et on me dit : vous pouvez aussi avoir ce côté médiumnique de sage... de grand sage spirituel. Et il est vrai que vous allez transmettre la bonne parole. On me dit : vous avez cette puissance en vous donc faites-vous confiance et d'ailleurs c'est pour ça que vous vous retirez à des moments, pour en effet être juste, ne pas refaire les mêmes erreurs et surtout ne pas reproduire les mêmes schémas. Donc il est possible que vous ayez aussi un guide spirituel avec vous, en vous. Je parle de foi ou un guide chamanique ou un guide spirituel... Vos guides ou la foi en vous que ce soit en Dieu, en Bouddha ou des prophètes...

Vous allez vers quelque chose de grandiose. Pourquoi ? Eh bien parce que ça ne m'étonne pas du tout : vous avez le 8 de bâton et c'est l'action. Vous voulez avancer. Vous ne voulez avoir que des good vibes autour de vous. Vous voulez avancer rapidement. Vous ne voulez plus perdre votre temps. Et vous avez en effet une clairvoyance beaucoup plus élevée, un niveau spirituel ou euh... des perceptions différentes. Excellent ! Vous êtes juste et vous avez aussi travaillé dur pour en arriver à ce stade.

Quelque chose de nouveau arrive vers vous... peut-être une nouvelle vocation... et c'est une évidence intéressante...

Je ressens que vous aimez vous sentir libre. Vous n'aimez pas du tout être freinée, bloquée et surtout bloquée dans vos actions, vos envies et surtout vous avez cette quête de liberté. Et maintenant vous êtes dans cette énergie de recherche parce que là, le Pape ce sont aussi des personnes qui vont chercher comme l'Ermite à savoir, à connaître davantage. Et surtout, c'est la connexion directe avec la spiritualité. Encore une fois vous êtes dans l'élévation pour avoir vos réponses et, de plus, il y a un lâcher-prise dans cet état d'esprit et quête d'énergie. Bravo ! C'est un oui ! Faites-le sans attendre !

Alors, le Chariot... Pourquoi le chariot ? Il est temps d'œuvrer avec vos forces intérieures. Parfait, ça me rassure... Vous allez pouvoir guider votre char, votre véhicule, votre vie. Juste un point de vigilance, parce que, il est vrai, ça va vite. Vous êtes dans une rapidité : vous prenez, vous comprenez et vous le mettez en action. Quand on a le Chariot il faut savoir aussi adapter et accepter ces zones d'ombre où les chercher pour les travailler, les guérir afin d'avoir vraiment tous les tenants et aboutissants pour arriver à votre réussite. Surtout que c'est une réussite méritée parce que vous avez bossé dur pour y arriver. Oh la la la la la ! Vous avez le Magicien : vous savez y faire. Vous avez les outils aujourd'hui. Vous savez que vous allez y arriver. Vous aurez la volonté, la persévérance pour faire et aller où vous avez envie d'aller et dans la direction que vous souhaitez. Donc vous avez vraiment une magnifique nouvelle identité, personnalité, état d'esprit et surtout une nouvelle vitalité parce que je perçois que vous avez été vraiment mise à mal... Alors, bravo ! Maintenant ça avance et c'est un oui ! Bravo et faites-vous confiance même si vous ne savez pas toujours comment y aller mais vous y allez. Vous êtes vraiment en force.

Pourquoi les Amoureux ? Je vois une collaboration… une nouvelle rentrée d'argent mais on me dit une nouvelle quête… Une nouvelle quête. Une nouvelle vocation peut-être. Une passion vient à vous. Ça peut être un nouvel hobby euh… des vacances ? Vous avez juste envie d'expérimenter. Et d'être en joie, dans le fun, le bonheur et vous avez surtout votre liberté.

Euh… votre nouvelle énergie bref… nouvelle vocation ou nouveau job… la totale ! Et vous êtes peut-être en hésitation : est-ce que je me le permets ? Est-ce que je peux y aller ? Et bien sûr il y a aussi le désir charnel qui est très fort ici et waouh ! Intéressant… Je suis si heureuse pour vous… C'est super ! Regardez-moi ça ! Vous avez non seulement… Incroyable… Vous avez le 1 et vous avez le 0. Donc vous commencez quelque chose de nouveau et une situation se termine. Vous avez envie de vous en aller. Vous avez envie de vous retrouver en effet dans une nouvelle relation amoureuse, de vous libérer peut-être d'une collaboration que ce soit sur le plan professionnel, amical ou social. Vous êtes à votre place dans votre indépendance professionnelle. Mais aussi, peut-être, vous libérer de liens karmiques, transgénérationnels et vous pouvez le faire…

oui et je vous le dis, vous allez y arriver. La preuve, le Fou est à vos côtés. Lui il s'en fiche, il s'en tape, il s'en va et surtout il ne se pose pas trop de questions. Et là il y a une nouvelle jeunesse qui vient à vous et une nouvelle énergie. Ça peut être votre autre, cette nouvelle personne qui entre dans votre vie ou que vous vous donnez ces options qui sont vraiment topissimes pour vous. Pourquoi ? Parce qu'en effet vous serez dans la spontanéité. Vous ne vous poserez plus trop de questions. Vous avancez dans ce qui est juste pour vous. Il y a des jours où vous serez up et des jours où vous serez down.

Quoi qu'il en soit, sachez que votre différence, votre originalité ressortent. En effet vous n'avez envie de ressembler à quiconque. Vous menez votre barque comme vous en avez envie et vous êtes juste parce qu'aujourd'hui la normalité c'est quoi ? Alors soyez vous-même et c'est justement votre différence qui fera votre force. On viendra à vous parce que vous avez cette capacité et surtout la connaissance. Vous pouvez mettre tous vos dons en lumière. N'hésitez plus. Allez-y ! Foncez et ne vous posez plus trop de questions.

Il y a ce nouveau départ. Vous avez tout. Vous avez vraiment cette fin de cycle pour un démarrage. Laissez juste, peut-être, un petit peu cette situation bien s'orchestrer. Comment dire ? Euh... bien s'emboiter. Il y a une forme de timidité peut-être chez vous ? De la culpabilité aussi, peut-être. Vous n'osez pas briller. N'oubliez pas que tout vous dit : go go go ! C'est le bon moment. Le timing divin. C'est super !

Bon, je ne vous cache pas que ça m'enquiquine un peu cette situation de Lune pour le boulot... Parce que vous êtes encore un petit peu peut-être à ne pas savoir où vous voulez aller. Et en même temps vous avez déjà vos réponses. La Lune ce sont les choses cachées. Celles que vous ne voyez pas encore. Ou alors c'est la nuit que vous recevez des réponses pour arriver à ce que vous souhaitez. A cette nouveauté... Waouh ! C'est un grand OUI pour aboutir à ce que vous souhaitez et c'est dans l'obscurité de la nuit que tout s'éclaire. Quand vous êtes plus tranquille, au calme. En tout cas, sachez que vous avez des flashes, des visions, des rêves prémonitoires. Sachez que vous êtes juste et votre créativité vient aussi la nuit.

Les cartes me parlent aussi avec cette dynamique d'aboutissement, le 10 de denier. Bon y'a pas photo, ça sous-entend que vous allez réussir dans tout ce que vous allez entreprendre : nouveaux contrats, nouveau job, nouvel état d'esprit, nouvelle manière de penser... un changement radical vient à vous et surtout on me dit d'être vous-même.

Vous allez trouver votre voix, votre chakra de la gorge est libéré. Vous pouvez enfin verbaliser ce qui est bon et ce qui est juste pour vous. Et en effet vous allez recevoir des propositions inattendues, des situations qui étaient bloquées jusque-là ou troubles vont se libérer.

Cette nouvelle énergie va vous permettre d'être entourée de personnes qui sont de la même famille d'âme que vous.

Si vous vous posez la question à savoir si vous allez être reconnue à votre juste valeur, c'est un grand OUI. Vous allez avoir des revenus supplémentaires. Bravo ! Excellent ! Magnifique !

C'est un grand OUI. C'est l'aboutissement d'un labeur acharné. J'ai envie de dire autant personnel que professionnel. Une victoire sur vous-même. Des expériences que vous allez pouvoir partager. C'est grandiose ! Vous avez accompli un labeur de titan en amont pour en arriver là. Sachez que vous êtes aboutie dans tout ce que vous avez comme connaissances à transmettre. On me dit : « Préparez-vous à être mise sur le devant de la scène ou à voyager ». Waouh ! Waouh ! Magnifique !

Ensuite nous avons notre chère Papesse. La Papesse... wouh ! Ouh la la la la ! Waouh ! Ouh la la ! J'en tremble... Comment je vais vous dire ça ? Waouh purée ! Ok... Waouh J'en ai les larmes aux yeux... c'est si beau ce que je vois... Waouh ! Le 10 de denier et le 10 de coupe... Ça ne m'étonne pas... Ça ne m'étonne pas...vous avez galéré... Vous avez caché des choses pas dans le sens d'être fourbe, pas du tout. C'est que vous êtes allée chercher en vous. Vous avez bataillé si dur. Vous avez transpiré du sang, pleurer pour obtenir le droit à la légitimité. C'est ce qu'on me dit, la légitimité de tout : l'abondance financière, la sécurité financière, être reconnue sur le plan professionnel mais pas seulement... Il y a quelqu'un qui va vous reconnaître dans votre famille d'âme... Et il y a la noblesse... il y a... il y a peut-être quelqu'un qui vient à vous et qui met un terme à votre joug, à votre punition...

Vous êtes une guerrière qui est arrivée à la fin de sa lutte. C'est la fin du cycle gagné durement mais gagnant et vous arriverez à tout ce que vous voulez. Tout ce que vous voulez... Verbalisez...

Là il y a des rencontres… Je ne vous cache pas… des rencontres de ouf !

Des personnes qui ont les mêmes valeurs, la même connaissance et vous allez avoir la possibilité d'œuvrer ensemble. Ce qui débloque une abondance financière. Mais clairement là, la famille ou des personnes autour de vous vont vous libérer des avoirs bloqués.

On me dit clairement aussi la justice divine. C'est peut-être quelqu'un autour de vous qui vous donnera la force pour arriver à tenir jusqu'au bout. Parce que là il y a un mariage. Ce n'est pas nécessairement un mariage de couple, cela peut être un mariage de personnes qui se rejoignent, qui se retrouvent amicalement ou en collaboration par exemple.

Je ne vous cache pas que tout se débloque d'une manière tellement rapide, en votre faveur…

Vous avez votre Justice et ça ne m'étonne pas que vous ayez votre Roue de fortune avec ici dans la donne la sphère familiale. Vous tournez, vous changez de cap, vous changez de personnalité, vous changez d'état d'esprit, vous êtes libre et cette situation est en votre faveur et là il y a en effet des rencontres amoureuses très puissantes.

Là je ne vous cache pas que ça c'est un coup de foudre. Un coup de foudre où des personnes qui se retrouvent enfin. Un cadeau et puis waouh ! Et le Roi de coupe non mais waouh ! C'est quoi ce tirage de dingue ?! Un tirage... purée... j'ai pas les mots... C'est la totale : vous avez tout. Vous avez et vous aurez la connaissance. Vous savez et vous saurez y faire et ça je parle d'amour là ou d'une collaboration d'abord peut-être amicale ou professionnelle qui va se terminer en mariage et vous arrivez sur une... on me parle d'un empire. Ça veut dire arriver à faire quelque chose de votre couple...

Le Roi de coupe, c'est quelqu'un qui va savoir trouver les mots, qui canalisera avec grande maturité, tout ce qui est stabilité. Vous savez gérer parce que là il y a de l'abondance financière. C'est soudain. La chance est avec vous et vous le savez. Vous avez pris des risques, vous êtes sortie de votre zone de confort, vous avez dit « Ok j'y vais, je fais, j'essaie ». Et là, il y a un pas de foi qui a été fait. Vous avez cru en votre bonne étoile et vous y êtes allée.

Je vois des cadeaux. Une grande richesse culturelle, spirituelle.

L'énergie en Poissons : votre sensibilité devient une force.

Vous avez tout pour réussir.

Waouh ! Non mais là je vous dis : vous êtes…
C'est le graal. Vous pouvez espérer grand.
Vous renaissez de vos cendres : un nouveau
vous ! Bravo ! C'est cadeau !

Vous allez tout rafler ! Vous pouvez espérer le
mariage, le retour financier, des revenus
substantiels inattendus…

Je vous le dis, vous avez tout : le 10 de denier,
le 10 de coupe et le Roi de coupe. Vous avez
le Graal !

Je m'en réjouis pour vous !

La nouvelle ouverture c'est aussi de changer
de cap. Ça peut être des changements tout
simplement des changements d'habitude
pour arriver au nouveau vous, pour retrouver
confiance en soi si vous êtes timide, retrouver
aussi un nouveau cercle d'amis, de nouvelles
personnes autour de vous qui… non mais
waouh ! Topissime et l'Empereur ! Bon
écoutez l'Empereur c'est au-dessus du Roi
évidemment. L'Empereur, c'est votre empire.
C'est vous. Vous allez arriver à tout ce que
vous souhaitez dans tous les secteurs
confondus. Ce qui a été retardé, vous l'aurez
en puissance 10 ou 100 000 selon ce que
vous avez fait mais c'est multiplié et en plus là
il y a un coup de foudre, une rencontre. C'est
d'une grandeur ! C'est waouh ! Magnifique !

C'est le Graal ! C'est du haut niveau ! Acceptez tout ce qui vient à vous. C'est mérité avec tout le job que vous avez fait. Vous avez été bloquée si longtemps. Ça s'ouvre d'un coup et préparez-vous à la rapidité de certaines choses d'accord ?

Avec l'Empereur, vous allez vers une force, une puissance. Personne ne pourra vous déstabiliser et surtout vous influencer en quoi que ce soit. Vous pouvez en être sûre et vos connaissances, ce que vous avez appris, personne ne pourra plus vous les voler ou en tout cas vous les donnerez au compte-gouttes et on ne vous influencera plus. On ne vous volera plus votre énergie, votre couronne, votre argent, votre santé, votre amour...

Libérez-vous de tout ce qui est toxique autour de vous parce qu'évidemment là où vous en êtes et ce vers quoi vous vous dirigez, cela peut susciter des jalousies. Des personnes peuvent vous enquiquiner pour rester polie.

Un conseil : restez encore à couvert pendant quelques semaines.

Mettez vos pieds en éventail, lâchez prise, acceptez et prenez tout ce qui arrive avec une grande joie... vraiment ! »

Delphine reçoit chez elle pour les guidances. J'adore l'ambiance. Mystérieuse et chaleureuse. Le genre d'endroit où je resterais bien toute la journée à siroter une tasse de thé entre deux volutes d'encens, affalée sur des tapis moelleux inondés de coussins doux et soyeux.

Elle me demande si tout est clair et me dit que « des tirages comme ça, elle aimerait bien en avoir plus souvent ». Ai-je des questions ? Non tout est limpide. Je la paie et je prends congé. Je reviendrai la voir, c'est sûr. D'un parce que je l'aime bien, de deux parce que quelque part, cela me rassure (je décide de tout, toute seule, toute la journée, la guidance c'est comme une épaule sur laquelle je me repose un instant) et de trois, comme Delphine est dans une belle énergie, ses tirages sont à son image. Et même quand les cartes révèlent un truc pas folichon, elle arrive à en tirer (c'est le cas de le dire !) le meilleur. Jamais alarmiste. Toujours optimiste. Et j'aime ça.

Delphine est surprise que je n'enregistre pas mes consultations. Je ne le fais pas car je me connais, je ne réécoute jamais et ma vibration ne conserve que ce qui est important. De toutes les façons, je sais que tout est enregistré même si je ne me souviens pas de tout. Je fais confiance au processus.

Je repars de chez elle toute guillerette. Ce n'est pas la première fois que je consulte une « diseuse de bonne aventure » (c'est avec un grand respect que j'utilise cette formulation. Que peut-on reprocher à une personne qui vous prédit la bonne aventure ?). Et là, comment ne pas ressortir gonflée à bloc d'une telle guidance ? Comme Delphine l'a dit à maintes reprises : Waouh !

La journée se poursuit sous les meilleurs hospices.

Je n'ai rien de particulier de prévu aujourd'hui. J'aime de temps en temps me laisser aller hors de toute contrainte. Je mange quand j'ai faim, je dors si le besoin est là, etc. Vivre à mon rythme pendant une journée. Je le fais dès que je peux.

Je remonte en voiture. Avant de démarrer, je me pose un moment, je ferme les yeux et je prends une grande respiration :

- De quoi ai-je envie/besoin là, maintenant ?

Et j'entends :

- Va marcher.

C'est l'été et la température est idéale pour une balade en sous-bois de quelques kilomètres.

Sans réfléchir, la voiture me mène à un endroit où je n'étais plus venue depuis plusieurs années. Sept ans, je crois… Je compte sur mes doigts… 2018, 2019, 20, 21, 22, 23 et 24… oui c'est bien cela sept ans.

Je gare la voiture et reste un instant à regarder par la vitre. Comme surprise d'être là et en même temps pas tout à fait. J'ouvre la portière pour sortir et avant de la fermer, comme une hésitation : un pied posé au sol et l'autre encore à l'intérieur. Mes yeux parcourent la végétation autour de moi, se lèvent vers la cime des arbres, j'écoute le chant des oiseaux, le vent dans les feuilles, le ciel est bleu piqueté de quelques nuages, le soleil est au rendez-vous. Il y a dans l'atmosphère comme une odeur de passé et de renouveau. Et là, je prends conscience que je ne suis plus la même. C'est une drôle de sensation : je réalise en quelques secondes tout ce qu'il s'est passé pendant ces sept années : des photos des évènements les plus marquants défilent dans ma tête à vive allure. Que de chemin parcouru ! Quelle évolution ! Ce lieu où j'ai tant de fois marché me semble familier et étranger à la fois. Cela me ramène à moi : il y a cette version de moi que je connais et la nouvelle que je découvre chaque jour. Familière et étrangère à la fois… Au cours de la promenade, tout me paraît plus présent, plus proche. Je perçois une tortue dans un champ et plus loin sur une barrière un écureuil.

Soudain, Mallow* apparaît auprès de moi sous la forme d'une panthère noire. Elle vient me voir de temps en temps sous cette forme car elle sait que c'est mon félin préféré. Elle marche à ma droite. Belle, racée, fière…

Depuis bientôt deux ans qu'elle a fait le grand pas sage, qu'elle est rentrée à la maison, c'est la première fois que je ne pleure pas en sa présence. Les doux et tendres souvenirs ont remplacé la tristesse.

-   Comme les arbres, tu as grandi, me dit-elle.

Je souris et la remercie.

*Vous pouvez retrouver Mallow Senseï 😊 (Maitre en japonais) dans le livre du même auteur « Au-delà mon cœur pétille » paru en autoédition chez Books on Demand.

Chemin 2
La rive

Oui j'ai grandi, évolué. Je me suis élevée. Comme on élève un enfant (je n'aime pas le mot « éduquer ». Je n'ai pas éduqué mes enfants, je les ai élevés avec tout mon amour et je me suis élevée avec eux. Les enfants sont les plus beaux miroirs et de très grands professeurs d'ailleurs 😊 pour qui veut bien en prendre conscience).

Je suis comme la sirène qui sort de son élément naturel et connu, l'eau, bien décidée à aller sur le rivage afin de visiter de nouveaux territoires.

L'océan était devenu bien trop agité. C'est de ce remous émotionnel qu'est née cette femme. Cette courageuse aventureuse.

J'arrive sur cette nouvelle terre avec beaucoup d'assurance. Je suis alignée avec ce que j'ai. Prête à découvrir tout ce que ce nouveau paysage a à m'offrir. Et tout ce que moi-même peux offrir. Je me laisse porter par mes intuitions, ma connexion avec mes émotions ainsi qu'à d'autres fréquences plus subtiles et laisse l'organisation à mon mental. Je fais appel à mon masculin sacré pour mettre en action et à ma féminine sacrée pour recevoir toutes les inspirations. Ma complétude me permet d'avancer en restant alignée, posée et connectée.

J'ai plusieurs facettes. J'utilise tout mon savoir et toute ma richesse intérieure et les déploie : tantôt en introspection, un autre jour en action puis à un autre moment en réflexion, etc. Je suis originale. J'ai tous les costumes et tous les outils nécessaires pour aller sur cette nouvelle terre. Je sais que j'ai besoin d'un ancrage solide afin de m'adapter à mon nouvel environnement.

Je regarde, observe, ressens vers où je veux aller afin de m'en imprégner et d'être à 100 % dans ce que j'ai décidé et de prendre ma place au sein de ce nouveau monde.

Mon intention est de guider, d'être canal, messagère pour d'autres personnes par le soin énergétique et la transmission de mes connaissances. J'utilise ma guidance intérieure reliée au monde de l'invisible pour guider et transmettre. C'est mon essence. C'est ce qui vit à l'intérieur de moi. Je suis venue sur cette terre avec ça. Dans cette vie pour vivre ça. Je me suis fait confiance et suis allée chercher en moi, au plus profond de moi cette connaissance.

De temps en temps, des situations me ramènent sur la plage. Je regarde l'océan et je sais que je n'y replongerais pas car, à présent, je maîtrise ma sensibilité. J'ai pris de la hauteur. Je suis souveraine en mon royaume.

Bien installée sur mon trône. En accord avec mon ressenti intérieur.

Je n'oublie rien de mes expériences car cela me permet d'être celle que je suis aujourd'hui et d'être à l'aise avec mes émotions, avec ma sensibilité, avec mes différentes facettes.

Je ressens de la fierté. Je m'accomplis. Je suis en gratitude par rapport à tout ce que j'ai vécu, vis et vivrais. Je remercie aussi les épreuves les plus difficiles. C'est grâce à elles que j'en suis arrivée jusque-là aujourd'hui. J'ai su transformer ces maux en expériences puissantes pour moi et aussi pour les autres. Je leur ai donné un sens afin de mieux guider et transmettre.

Chemin 3
L'amour amoureux

La balade se termine. Quelque chose est resté sur ce chemin. Comme si, chaque pas laissait derrière lui une mue, une trace d'un passé parfois trop lourd à porter.
Je ressens du bonheur. Je le savoure. Je communie avec l'instant. Je suis l'instant.

Avant de rentrer chez moi, je fais quelques courses au supermarché du coin.
A la maison, je vaque à mes occupations.
Le temps s'écoule calme et tranquille.
La journée fait place à la soirée : en pyjama pilou-pilou, me voilà lover dans le lit, le dos bien confortablement calé sur des coussins, mon feuilleton préféré du moment sur l'ordinateur, un mug diffusant des odeurs de mélisse, camomille et lavande dans la main... Mmmm ça sent et c'est bon !!! Aaaaaah... je suis biiiiiiiiiiiiiien 😊

Je regarde donc un nouvel épisode de ma série préférée quand soudain je prends conscience que mon esprit se met à vagabonder. Comment je m'en aperçois ? Les images défilent sur l'écran, je n'entends plus les acteurs, mon regard est comme figé et je perds la notion du temps. Je me laisse aller à ma rêverie quand l'imagination est belle.

Sinon, je redirige mon mental pour éviter de mettre en route la roue du hamster.

Je marche seule depuis 8 ans. Ce n'est pas une plainte. C'est un fait. Et j'avoue que de temps en temps, la présence de l'autre serait agréable, appréciable, profitable, délectable... able, able, able (to be able to : être capable de... cap-able 😊 ?!)
Le genre de relation qui chamboule une vie.
Un homme de cœur, passionné, passionnant, créatif, prêt, stimulant, inspirant, joyeux, beau (selon mon regard), compréhensif, autonome, dans le partage, une énergie de fluidité dans l'amour, compatissant, en gratitude, empathe, doux, équilibré, à l'aise dans sa féminine sacrée et bien installé dans son masculin sacré, un homme qui s'adapte (ce qui ne veut pas dire : oui à tout), qui arrondit les angles, serein, confiant, fin négociateur, leader (surtout de sa vie), avec un savoir écouter, conscient de ses qualités et confiant sur ses talents, proche, sensible, généreux, honnête, appréciant le silence...
Un homme qui a su faire face à ses ombres, a su y mettre de la lumière pour voir au-delà.

Je ferme les yeux et je fais le vœu d'une relation saine, éveillée, où je peux être moi, oser exprimer ma vérité. C'est-à-dire que s'il y a quelque chose qui ne me plaît pas ou que l'autre a dit ou fait quelque chose et que ça me touche ou encore que je n'aime pas certaines choses, je l'exprime à travers une communication bienveillante et dans notre zone d'amour. Par exemple : « Il est important pour moi que nous parlions. Cela ne m'a pas plu. Que pouvons-nous faire pour trouver un terrain d'entente ? »

Je ne suis plus mes blessures. Je suis équilibrée et dans ma complétude : ma féminine sacrée et mon masculin sacré vivent en harmonie. J'ai laissé derrière moi une sur-adaptabilité issue de traumatismes, de choses difficiles, de relations compliquées. J'ai laissé derrière moi cette partie qui voulait à tout prix faire plaisir, qui ne voulait pas déranger, qui ne voulait pas blesser, qui ne voulait pas vivre sa vérité.

Je gère ma vie tout en étant humble, compatissante, respectueuse et ferme à la fois. Je suis amoureuse de moi, je suis tellement en amour de moi que je n'accepte plus n'importe quoi et qui. Je sais ce que je vaux. Je ne me brade plus, je ne marchande plus ma valeur. Je ne suis plus le paillasson sur lequel on vient s'essuyer les pieds.

Je n'anticipe plus sur le fait que certaines personnes pourraient être dérangées ou pourraient ne pas aimer ou pourraient ou ne pourraient pas ci ou ça.

Je pouvais faire preuve d'une très grande impulsivité. Je pouvais avoir des accès de colère quand on ne respectait pas mes limites. Parfois même je me mettais dans des états pas possibles. Je ne suis plus cette personne blessée, traumatisée. Je le sens au fond de mon cœur.

Je laisse derrière moi le manque de sincérité et d'authenticité. C'est pour cela que l'harmonie, la vérité intérieure, le fait de ne pas me sur-adapter sont si importants.

En me sur-adaptant, je n'ai pas exprimé ma vérité, mes besoins. Je n'ai pas vraiment dit tout ce que j'avais sur le cœur. J'avais peur. J'ai donc menti. Ce n'étaient pas des mensonges dans le but de tromper, non, pas du tout. J'avais peur, j'avais honte, je culpabilisais de ne pas montrer mon vrai visage, mes sentiments... J'avais peur de faire peur.

Comme je veux une relation authentique et sincère, il est important que je le sois avec moi (Qu'est-ce que je veux ? Qu'est-ce que j'aimerais vivre ? Qu'est-ce que j'aimerais améliorer ?). Je ne peux plus faire autrement.

Je me suis solidifiée. J'ai intégré mon individualité. Et peu importe ce que j'ai traversé, maintenant je suis à ma place. Je suis au bon endroit. J'écoute la sagesse intérieure qui me guide vers l'expression de la beauté et de l'amour.

Je suis arrivée à un stade de ma vie où si quelqu'un me gonfle ou si je n'ai pas envie de faire quelque chose, je ne doute plus de moi pendant mille ans. Je vais l'exprimer. Car je ne veux plus être dans la haine de moi-même, de me plonger dans le désespoir, dans le doute. Je ne me laisse plus balader. Ma boussole intérieure, mes valeurs et mon authenticité me guident aussi.

J'ai vécu un départ « courageux ». Après douze ans de vie commune, je n'étais plus satisfaite de la relation. Elle devenait trop instable. Ce qui m'avait convenu à un moment donné ne l'était plus.

Cela m'a permis de m'émanciper de schémas et de conditionnements. Il était devenu impossible d'évoluer à deux. Parfois quitter une relation est la seule façon d'évoluer.

Une des raisons qui m'ont poussée à partir était que je partageais mon quotidien avec une personne qui n'était pas capable, avec son niveau de conscience (ce n'est pas une critique, c'est un fait. Certaines personnes sont limitées à des niveaux et ont besoin d'apprendre, d'expérimenter d'autres choses pour être en cohérence avec d'autres personnes) et sa façon un peu restreinte de voir la vie, de me comprendre, de comprendre ce qui était important pour moi. Je suis partie en quête d'un idéal émotionnel, d'une relation qui puisse nourrir mon âme sur les plans spirituel, émotionnel, physique et intellectuel. Et cette relation, je l'ai trouvé avec moi-même.

Ce fut une évolution sacrée, une grande transformation en interne puisque la quête de cette relation extérieure, il était d'abord nécessaire que je la trouve à l'intérieur. J'ai fait preuve d'humilité et de compassion face à moi-même.

J'ai mis de la lumière sur ce qui se jouait en moi par rapport à cette rupture et par rapport à des comportements, des schémas, la dévalorisation et le mauvais ego. J'ai fait face à mes parts d'ombre. Ce fut une immense prise de conscience. Je suis descendue jusqu'aux profondeurs de mon enfer afin de me donner l'élan nécessaire pour remonter tout en haut jusqu'à mon paradis. J'ai côtoyé la noirceur de mon être pour atteindre la lumière et la stabilité. J'ai repris les rênes de ma vie. Je l'ai dirigé dans le sens que je souhaitais.

Pendant des années, j'avais eu l'impression de vivre ma meilleure vie, d'être arrivée au port mais il y avait beaucoup d'ego. Trop de choses n'étaient pas résolues pour moi. C'était inévitable, qu'à un moment donné, cela se casse la figure. J'avais des blessures à guérir, à comprendre. Je n'étais pas vraie ni avec moi ni avec l'autre. Comme je l'ai dit, je ne mentais pas pour tromper, je reniais ma propre vérité et je me sur-adaptais. Je changeais de masque en fonction des personnes que j'avais en face pour être aimée, pour ne pas blesser, pour m'adapter parce que j'avais fait cela toute ma vie.

J'en ai eu marre de jouer la comédie. Alors j'ai commencé à prendre soin de moi et ai continué les efforts déjà entrepris mais que je n'avais pas réussi à maintenir. Les efforts qu'on fait pour évoluer, c'est un peu comme le vélo : on tombe plusieurs fois. Je peux vous dire que je me suis cassé la gueule à maintes reprises, je suis revenue à de vieilles habitudes, à mes masques, à ces choses qui m'ont maintenue en vie, en sécurité tout ce temps-là mais qui n'étaient pas saines pour moi. Au bout d'un moment l'équilibre est trouvé. Eh bien, c'est pareil avec les bonnes habitudes. C'est pareil avec le fait d'être fidèle à ma vérité. D'être fidèle à mon authenticité. D'être vraie. Au bout d'un moment, on peut rouler sans les petites roulettes stabilisatrices. Comme une grande !!

Enlever les petites roulettes et me rendre compte que je restais équilibrée fut la confirmation dont j'avais besoin. Cela m'a permis de laisser derrière moi une ancienne identité. Une identité fantasmée par moi-même et/ou par les autres mais qui n'était pas réelle, qui n'était pas tangible et qui était de toute façon amenée à disparaître. Ce fut pour mon plus grand bien en fait ! Le socle de cette identité était tronqué dès le départ, donc tout ce que je construisais au-dessus ne pouvait être viable.

Faire peau neuve est très déroutant au départ. J'ai découvert des choses magnifiques. Ce qui m'a permis de moins fantasmer sur ce passé que je croyais idyllique.

En descendant au plus profond de moi, dans les ténèbres, j'en ai extrait la lumière afin de grandir. J'ai laissé passer la lumière à travers les petites failles, les craquelures, les blessures.

C'est ce que certains appellent la traversée de la nuit noire de l'âme. Ce fut une période de grande réceptivité, d'intuition et de gestation. Les circonstances extérieures m'ont forcée à plonger en moi et à examiner ce qu'il se passait. Je n'ai pas reculé devant l'opposition. Cela m'a montré ma force et mon courage. J'ai choisi la lumière, la connaissance de soi, de sortir de la mentalité de victime et d'entrer dans un état d'esprit de création consciente.

Ce fut difficile, j'ai eu beaucoup de chagrin mais c'est si bénéfique. C'est comme un test. Mon âme avait mis cette expérience sur mon chemin afin que je puisse être de plus en plus vraie, de plus en plus libérée de toutes ces couches de conditionnement, de fausse nature, de comparaison, d'égocentrisme, de blessures, de frustration, etc. Ce fut salvateur. Je sens que je suis en parfaite synergie avec l'Univers. Ce fut un boulot d'équipe avec mes guides.

Je regarde mon passé et je me dis qu'il était beau même s'il y avait cette terrible ombre noire. Elle n'est plus présente. J'ai réussi à la dépasser, l'intégrer et la guérir.

Ma base est solide et équilibrée à présent. L'équilibre, c'est faire respecter valeurs et limites tout en étant bon avec l'autre.

L'équilibre aussi entre le mental et l'intuition : le côté un peu primitif, animal et le côté conscient, éveillé, spirituel. Toutes les composantes qui font de moi un être humain dans l'expérience de son humanité.

Ce que je crée est maintenant à l'image de mon nouveau socle.

Je veux construire avec toi un arc-en-ciel, un lieu sacré où nous nous retrouvons, où nous sommes bien et où toutes les contingences du monde, non seulement ne nous effleurent pas et, en plus, nous envoyons de l'énergie positive de compassion, d'amour et de gratitude tout autour de nous en cocréateurs. Nous tournons le dos aux drames, aux doutes, aux disputes et aux conflits.

Chacun a ses occupations tout en œuvrant ensemble en toute quiétude, en cultivant le bonheur, priorisant l'harmonie, l'amour et le soin.

Toujours envisager le bon côté des choses.

Avoir la capacité de voir le meilleur en l'autre. S'élever ensemble.

Chacun connaît son histoire et aucun de nous ne se berce d'illusions, ne se raconte des histoires. Chacun connaît ses limites. Nous incarnons qui nous sommes vraiment.

Je n'ai plus l'âge de créer une famille mais mon cœur peut accueillir la famille de quelqu'un d'autre.

Pour l'instant, il est important que je cesse de fuir les possibilités. Qu'est-ce que ça veut dire ? D'un côté, je veux manifester cet amour et de l'autre je n'y crois pas. Ces croyances blessées que l'amour n'est plus pour moi. J'évite de penser au bonheur d'une relation. Je n'y mets plus aucune énergie. Je sais que je me voile la face. Je suis dans le déni de quelque chose qui est bon pour moi. Alors que je sens au fond de moi que je suis très proche de vivre cette expérience. Ce rêve me tient tant à cœur. J'ai la trouille de montrer ma vulnérabilité tout simplement. De me laisser aller à l'intelligence de l'Univers.

Il me suffirait juste de faire un pas dans une autre réalité, dans une autre façon de voir les choses. Comme un saut quantique : je suis dans une réalité et hop ! je fais un pas sur le côté et je me retrouve dans la réalité où ce rêve se réalise. Je sens que je n'ai pas de grands efforts à fournir pour que cet idéal se manifeste : apprendre à être réceptive et à faire un pas de côté. Je sais que tout part de moi. Je suis créatrice de ma réalité. Même s'il y a un plan divin, je peux à tout moment le faire évoluer. Je peux faire exactement ce que je veux. Ça me donne le tournis parfois de savoir que je peux faire tout ce que je veux. Et comment savoir si ce que je vais accomplir est la meilleure chose ? Je n'ai pas envie de me tromper. Je n'ai pas envie de perdre mon temps si ce n'est pas le meilleur pour moi. Cela engendre un peu de confusion et de conflit intérieur. Alors je me dis que cet idéal n'est pas pour moi. C'est un refus d'agir dans le sens de la réalisation de mon rêve, sous prétexte que j'ai peur de me tromper. Sous prétexte que ce n'est peut-être pas la meilleure chose pour moi, etc.

Toc ! Toc ! Toc ! Tiens ! Qui frappe à la porte de mon cœur ? Oh ! C'est mon pouvoir personnel et mon pouvoir de création qui viennent gentiment me rendre visite et en profitent pour me faire un gentil rappel :

- Nous te rappelons que tu maîtrises cette dualité dans d'autres domaines. Alors pourquoi pas en amour ? Quand vas-tu cesser de t'échapper, de te défiler de ce qui pourrait être bon pour toi ? Peu importe le prétexte, peu importe ce que tu te dis, si tu as envie de faire quelque chose, vas-y ! Peu importe où ça te mène ! Nous t'encourageons à passer à l'action dans le sens de ce que tu aimes, dans le sens de ce qui te fait ressentir de l'énergie vitale c'est-à-dire qui t'extasie, qui te rend heureuse.

Tous tes rêves peuvent se réaliser et la meilleure façon d'y parvenir, c'est de faire ce qui te fait plaisir. Alors tu t'alignes à ton âme qui sait ce qui est bon pour toi, qui sait ce qui est meilleur pour toi. Dès que tu es alignée, peu importe si tu vas bien ou pas, tu sais ce que tu as à faire. Tu as juste besoin d'expérimenter la joie d'être alignée à toi-même. C'est ça qui te permet justement de pouvoir te diriger vers la meilleure direction pour toi.

Ce rêve te semble-t-il si loin dans le temps ou si difficile à atteindre ou peut-être le considères-tu comme irréalisable ? Ou peut-être es-tu déjà en route vers ce rêve et tu doutes, tu te décourages ? As-tu tendance à t'échapper dans des distractions, des dépendances ? Qu'est-ce qui se joue pour toi ? Regarde en face le schéma. Qu'as-tu à comprendre de ton agissement ? Qu'est-ce que tu évites ? Qu'est-ce qui te fait peur ? Pourquoi crains-tu de réaliser ce rêve ? Que crois-tu qu'il puisse se produire une fois ton rêve devenu réalité ? Le fait de se poser cette simple question peut vraiment t'ouvrir la porte vers une compréhension de toi-même. Plus d'amour ? Plus d'énergie vitale ? Plus de résilience ? Plus d'endurance ? Plus de volonté ?

Ton rêve va se réaliser, d'accord ! C'est juste une question de faire, comme tu l'écris plus haut, un petit saut quantique et te dire que c'est possible, que c'est déjà là. Tu le crées. Tu as tout ce qu'il faut pour le faire, tu as toutes les capacités, les compétences, la motivation. TOUT. Regarde les choses sous un autre angle. Ce paradis n'est pas un paradis perdu. Tu vas créer cet idéal sur terre pour toi. Tu attires alors la relation romantique qui fait vraiment la différence dans ta vie.

Tu as mis un frein à ta vie amoureuse car tu avais des choses à régler du passé, un cœur à panser et aussi une perte de motivation sur le contrôle de ta vie (ici « contrôler » n'est pas en mode anxieux et maniaque. C'est contrôler dans le sens où je décide ce que je veux créer dans ma vie). Tu peux lâcher le frein à présent. Tu es sortie de cette période. Tu peux fermer la parenthèse.

Ne mets pas au placard ce rêve. Il est déjà réel quelque part... de l'autre côté du saut quantique.

Soudain, les acteurs recouvrent leur voix. C'est une scène d'action et le volume est comme plus fort. Je sors de ma rêverie. En position fœtale, je serre ma peluche tout contre moi. Les larmes viennent. Je les laisse couler.

Chemin 4
Entrez les artistes !

J'ai toujours aimé danser. Du plus loin que je m'en souvienne. Enfant, j'adorais Annie Cordy. Dès qu'elle passait à la télé, je l'imitais devant le grand miroir de l'armoire de la chambre de mes grands-parents. Idem pour Sheila, les Claudettes... J'ai commencé la danse classique à l'âge de huit ans. Puis à l'adolescence, j'ai bifurqué sur le modern'jazz jusqu'à l'âge de 20 ans. Des années plus tard, j'ai suivi quelques cours et j'avoue que je n'étais plus aussi assidue.

L'activité physique a quasiment toujours fait partie de ma vie que ce soit la danse, LIA, cours d'abdos-fessiers, un peu de muscu, yoga, marche, do-in...

En 2020, la paresse s'est emparée de moi. Ne pouvant plus pratiquer en salle (puisque devenue personae non grata, ceux qui ont vécu cette période comprendront), il m'était difficile d'avoir une discipline à la maison. De temps en temps, j'allais marcher ou je pratiquais le yoga ou le do-in mais sans plus... Deux ans plus tard, un bassin vrillé, l'arrêt du tabac, la ménopause, quelques kilos en plus et un corps qui commençait à se ramollir, je me suis dit : « Faut vraiment faire quelque chose !! » Et je me suis remise en douceur au yoga à la maison. J'ai découvert le yin yoga. Et j'en suis tombée amoureuse. Quel bonheur de remettre mon corps en route tout en douceur. Je peux dire que cela m'a sauvée. J'ai retrouvé souplesse, tonicité et surtout un corps qui ne souffre plus. Adieu les tensions lombaires quotidiennes depuis l'âge de 25 ans, les épaules nouées, les genoux qui craquent… Un miracle ! Je pratique tous les jours (yin yoga ou do-in)… même 5 mn ! J'ai aussi réintégré la marche quand le temps le permet.

Puis l'envie de reprendre des cours de danse a commencé à me titiller. J'ai tenté la danse de salon et même si je me suis bien amusée pendant quelques mois, ce n'est pas mon truc. J'aime danser seule dans un groupe. Oui mais quelle danse ? Et l'idée est arrivée sans préavis : la danse orientale. C'est une des danses les plus féminines que je connaisse et pour continuer la réconciliation avec mon corps, c'est nickel ! Comme je ne connais aucune école de danse orientale, je poste une recommandation sur les réseaux. Une copine me conseille une école ; impossible d'accéder à leur site. J'insiste un peu. Rien. Je me dis, si c'est juste que tu ailles vers ça, l'Univers conspirera en ce sens. Le lendemain sur un autre réseau, je LA vois en photo. Je clique. Et là, j'ai compris le joli clin d'œil de l'Univers. La vie m'a amenée sur le chemin de Marie,

59

professeure de danse orientale. J'ai fait un cours d'essai et je me suis inscrite. Je me suis même offert le luxe du gala de fin d'année. La cerise sur le gâteau. Chaque mardi, je retrouve le groupe de danseuses. Quel bonheur ! Quelle énergie ! Quelle belle vibration au sein de ce groupe ! J'ai hâte que septembre arrive pour les retrouver.

Marie a organisé un week-end magique de trois jours de stage de danse orientale. Je m'offre une parenthèse.
Certaines choses prennent du temps. Comme la préparation du pain, par exemple : le mélange des ingrédients (l'action) mais aussi laisser la pâte lever (le repos, la récupération) et la cuisson (l'aboutissement). J'ai appris à respecter chaque étape.
Ce week-end est un instant de récupération, de repos face à mon quotidien. Ma vie n'est pas un sprint. C'est un marathon. Je prends le temps de respirer. Je prends le temps de jouer. Sinon je vais me dessécher, me ratatiner et de ne plus avoir l'énergie nécessaire pour avancer, être volontaire, persévérante, endurante, tenace et audacieuse.
C'est vital de m'accorder le temps nécessaire de recharger mes batteries. Quand je me

recharge, je ne pense pas à mes projets, je ne pense pas à ce qui m'attend l'heure d'après alors encore moins à la semaine prochaine. Je décroche mon cerveau. C'est le secret pour arriver à mes fins, pour aller loin. Si je passe tout mon temps à ne penser que boulot boulot boulot, je m'essouffle.

Je m'offre donc de l'espace. Je m'offre l'opportunité de prendre du temps soit pour me reposer soit pour faire une activité qui n'a rien à voir avec mon métier. Et ensuite, je vous garantis que j'ai la capacité de mettre les bouchées doubles. A fond.

J'écoute ma voix intérieure quand elle me dit que c'est le moment de passer à l'action et quand c'est le moment de me poser, de débrancher mon cerveau.

Pour me rendre sur le lieu du stage, je covoiture avec Eloïse (la conductrice) et Isabelle, je ne connais ni l'une ni l'autre. Je ne sais si c'est mon côté aventureux mais j'adore ce genre de situation. Parfois, certains me disent : « Tu n'as pas peur ? » Peur de quoi ? De rencontrer des personnes géniales, de partager des moments de vie ?

Me voilà donc arrivée, en avance, comme d'hab', au rendez-vous : le parking d'un stade à Douai. Je gare ma voiture à l'extérieur car les grilles du parking sont fermées chaque soir. Ça m'embêterait dimanche de ne pouvoir récupérer la voiture et rentrer chez moi !

Isabelle me rejoint. Puis Eloïse arrive à son tour.

Quelques valises, sacs de voyages et tapis de sol dans le coffre plus tard, nous voilà parties, le cœur léger et le sourire aux lèvres direction Montigny-Lencoup dans le 77. Nous empruntons les nationales. Nous avons du temps. Et c'est vrai que les paysages sont bien plus beaux que sur les autoroutes. Petite halte technique à Soissons. Tout au long du trajet, nous faisons connaissance et parlons de sujets divers. Eloïse et Isabelle échangent sur l'art. Comme ce n'est pas un domaine que je connais j'écoute avec attention leur propos.

Nous arrivons à la ferme vers 18 h 30. Quelques-unes d'entre nous sont déjà là. Je retrouve Clémence et Elise avec qui je danse le mardi soir.

L'endroit est adorable. Une ancienne ferme réhabilitée depuis 20 ans par le propriétaire. Des travaux sont toujours en cours. Le propriétaire est un ancien éditeur. Il y a des livres partout, beaucoup de dessins « engagés » sur les murs.

Je partage la chambre avec Eloïse. Après avoir choisi nos draps et taie d'oreiller en libre-service, nous nous installons. Les chambres, en partie à l'étage du bâtiment principal, sont composées de deux ou trois lits d'une place. Sur le pallier, au fond du couloir inondé de livres surtout d'art et d'histoire, se trouvent la salle de douche et les toilettes. Il y a des salles de douche et des toilettes un peu partout dans les lieux. Ce qui est pratique car nous nous demandions comment, à 20, nous allions faire avec une seule douche et un seul wc !!!

Le groupe est au complet à l'heure du dîner. La cuisine est un vrai régal. Tout est cuisiné sur place. Et végé en plus ! Inutile de vous dire que pendant ces trois jours nous avons attendu l'heure des repas avec beaucoup d'impatience ! D'un parce que c'est très bon et de deux, à se dépenser comme nous l'avons fait, ça ouvre l'appétit !

Le repas terminé, place à la danse. Le lieu prévu à la danse se situe dans un autre bâtiment. Nous grimpons quelques marches et nous retrouvons dans une salle immense avec parquet et poutres apparentes. Il y a quatre énormes ventilateurs au plafond. Ce n'est pas du luxe : il fait très chaud (c'est le mois d'août. Comment le prononcez-vous ?

Doux ou doute 😊 ?). Installées en cercle, chacune se présente, dit ce qu'elle attend du week-end, l'intention qu'elle y met et ce qu'elle aime.

Je n'attends rien. J'ai besoin de me laisser porter. Et comme intention je pose « la joie ». Quant à ce que j'aime : prendre soin et transmettre.

Puis nous dansons jusqu'à une heure tardive. Je suis étonnée de ma capacité à « tenir » si tard. Moi qui d'habitude m'endors tôt... Je lâche. Je lâche. Je lâche.

Après une bonne douche, je ne demande pas mon reste pour rejoindre les bras de Morphée.

Le lendemain, je suis heureuse de me réveiller un peu plus tard qu'à l'accoutumée. Le petit déjeuner est servi à partir de 8 h 30. Dans la salle à manger, des danseuses sont déjà devant leur bol de café, de thé ou de céréales. C'est le matin et les conversations sont rares.

Début du cours : 9 h 45. Je ne me souviens plus de l'heure de fin, juste que nous avons dansé pendant 7 h. Il y a eu bien sûr des pauses. Parfois j'avais l'impression d'un remake oriental de *« On achève bien les chevaux », film américain réalisé par Sydney*

Pollack (1969) : en pleine dépression économique, les primes des marathons de danse attirent jeunes et vieux accablés par la misère. Robert et sa partenaire Gloria dansent à en perdre la raison. Ils tiendront coûte que coûte. A moins que la mort ne les sépare...

Après le dîner, c'était danse libre. J'ai bien tenté quelques pas mais j'étais épuisée. Surtout qu'il fallait assurer le lendemain !

Dimanche : j'aurais bien paressé dans le lit... Je vérifie l'état de mon corps et surtout de mes muscles. Je sens que mon corps a bien bougé et pas une seule courbature. Les étirements après toutes ces heures de danse hier soir et mon activité physique quotidienne portent leur fruit. Merci mon corps. J'arrive pour le petit déjeuner et le son de mon « bonjour » traduit bien mon état de j'ai-la-flemme-ce-matin.

Nous avons dansé toute la matinée. Déjeuner vers 13 h 30. Les dernières danses se font dans le jardin. Le cercle de clôture aussi. Ainsi que les photos de groupe. Chacune repart, ravie du week-end.

Pour rentrer Eloïse, Isabelle et moi décidons de prendre l'autoroute. La fatigue et l'envie de ne pas rentrer trop tard l'ont emporté sur les nationales. Nous qui pensions être plus silencieuses au retour. Que nenni ! Nous partageons nos ressentis du week-end.

Que dire de ce week-end ? Ah oui, je sais : y a-t-il des artistes dans la salle ? La rêveuse, la poétesse, l'idéaliste, la peintre, l'écrivaine, la danseuse, la photographe, la chorégraphe, la musicienne, la compositrice, la couturière, la designer...

Souvent les artistes sont des âmes tourmentées, très sensibles, très émotives. Ils ont un regard spécial sur la vie. Ils voient les détails que les autres ne voient pas, sur lesquels ils ne s'attardent pas.

Être artiste, c'est avoir cette capacité d'imagination, d'inspirations, se sentir un peu spécial.

Être artiste, c'est aussi apprécier chaque moment que la vie nous offre, le calme de la nature (s'imprégner des sons, des couleurs, des odeurs et du silence), se relier à son intuition (inspiration), la recherche de la solitude pour se centrer sur sa vie intérieure, consacrer une partie de son énergie à la créativité.

Être artiste c'est aussi se confronter à la réalité du monde extérieur, à la foule (rester reclus, c'est se dessécher, rapetissir) avec la joie de rentrer chez soi. La joie qui ouvre la porte à l'inspiration.

Être artiste, c'est laisser s'exprimer son enfant intérieur dans toute sa splendeur, dans toute son authenticité.

Être artiste, c'est transmettre avec son cœur, avec ses tripes.

Y avait-il des artistes dans la salle ce week-end-là ? Oui, il y en avait…

Je retrouve ma voiture, ma maisonnette, le calme et ma solitude avec beaucoup de joie. Mmmm quel bonheur de rentrer chez soi !

Chemin 5
Non mais allo quoi !

Le lendemain, alors que je suis en train de préparer à manger, la sonnerie de mon téléphone retentit. Oh trop cool, c'est Jérôme, pensais-je tout en appuyant avec mon index sur la touche verte puis le haut-parleur. Jérôme est un copain, thérapeute aussi. Nous nous sommes rencontrés lors d'une méditation.

- Alors, ce week-end ? me demande-t-il

- Top de chez top ! J'ai un peu de difficulté à redescendre de mon nuage, c'était intense sur bien des points mais ça va. Et toi ? Bien arrivé dans tes montagnes ? Tout va bien ?

- Oui le voyage s'est bien passé. Bon j'ai balisé pour le niveau d'huile. Je m'en suis voulu d'être aussi stressé pour un niveau d'huile.

- Ben oui surtout que tu n'avais qu'à t'arrêter de temps en temps pour vérifier.

- J'ai vérifié au départ et à l'arrivée et ça a un petit peu baissé.

- C'est normal. Tu en as fait des kilomètres !

- Oui c'est vrai. Je vérifierai avant de rentrer pour être sûr. Mais ça m'soule d'être stressé comme ça pour rien, pour des conneries !!!

- D'autant plus que le stress c'est uniquement quand ta vie est en danger pour fuir, te battre ou lutter. Le reste c'est de la pression que l'on se met ou que l'on accepte de subir de l'autre. Parce que ça fait bien d'être sous pression. Ça donne une impression d'être vivant ! Ta vie était-elle en danger ?

- Non !

- Et tant mieux. Que pouvais-tu faire pour éviter qu'« Edouard » (*c'est le prénom que Jérôme donne à son mental. Pour ma part, je les appelle mes co-locataires : il y a Mental, Ego, Auto-Saboteur, Victime, Bourreau, Sauveur... et j'en passe !*) ne répète de manière inlassable que ta voiture allait tomber en panne ?

- M'arrêter et vérifier.

- L'as-tu fait ?

- ....

- En tout cas, c'est top ta prise de conscience de cette roue qui s'est mise à tourner dans ta tête. Et de ce ras-le-bol d'agir ainsi. C'est ce que j'appelle de la colère saine et salutaire. Celle qui fait taper du poing sur la table et dire : « Maintenant ça suffit ! ». L'étape suivante est : que vas-tu mettre en place pour te libérer de ce schéma ? Il va être important que tu oses autre chose. Ta maturité émotionnelle est suffisante pour grandir. Laisse l'Univers se charger des détails.

- Oui c'est vrai. Que pouvait-il m'arriver de si terrible ? Bref...

Oh et puis j'ai eu un message de Véro. Elle me gonfle ! Elle est trop prout prout ! Elle me critique sur la plupart des vidéos que je poste sur les réseaux. Et y faut pas dire de grossièretés et y faut pas dire ci et y faut pas dire ça ! Et patati et patata... Et na na ni et na na na ! Bouuuuuuuh j'en ai ma claque. Je veux de la légèreté dans ma vie. Je veux des gens simples. Des relations fluides. Je veux de la joie !

- J'entends tout ce que tu me dis. Mais tu cherches à combler par l'extérieur ce que tu crois qu'il te manque en toi. Tout part de soi. Si tu ne veux plus de contact avec Véro, ne lui réponds plus quand elle t'envoie des messages !

Laisse les personnes vivre ce qu'elles ont à vivre. Quelque chose s'est mal passé avec quelqu'un ? Ne t'accroche pas. Laisse faire l'Univers. Laisse le karma remettre chacun à sa juste place. Fais ce que tu as à faire mais ne t'implique pas sur le plan émotionnel. Ne cède pas à la vengeance. Ne cède pas aux énergies négatives envers cette personne, le karma s'en occupe et tu récupèreras d'une manière ou d'une autre ce que tu as donné. Tu es une magnifique personne, au cœur pur, spontanée.

Et même si tout ne se passe pas comme tu le souhaites, c'est parce que tu as encore besoin de gagner une certaine forme de maturité. Tu as besoin de grandir peut-être au niveau spirituel ou au niveau émotionnel. Ou peut-être que tu as besoin de te détacher de certains schémas de fonctionnement, peut-être aussi de certaines relations et de voir les choses avec un œil plus adulte. Il n'y a pas de jugement ni de critique de ma part. Je suis là aussi pour apprendre. Et ce que tu vis fait écho en moi. Je te remercie. Cela me montre où j'en suis et mes axes d'évolution. Nous sommes tous des élèves de la vie. Oui, tu as pris des risques. Oui tu t'es cassé la figure. Oui tu as essuyé des pertes et connu des échecs. Ce n'était pas pour te punir, ce n'était pas le karma qui te disait non. Ce n'était tout simplement pas pour toi. Ce n'était pas ton chemin même si tu as eu des signes et des synchronicités que c'était le bon chemin et c'était le bon chemin ! C'est juste qu'à un certain moment de ce chemin, tu as des leçons à apprendre, qu'elles soient spirituelles ou émotionnelles. Donc pendant ces moments-là peut-être que les choses se sont mises au point mort ou ont fait une petite pause ou se sont cassé la figure momentanément ou de manière définitive pour que tu puisses avoir l'espace de les transmuter.

Et si tu ressens de l'envie, de la jalousie, le besoin de te comparer ou d'être victime, et alors ? Ça nous arrive à tous de ressentir cela. C'est important aussi de laisser ces énergies-là derrière toi et de les remplacer par un courage héroïque ! As-tu envie d'être le héros, le créateur de ta vie, le personnage principal ?

Quand je m'aperçois que je me plains ou que je me victimise, je m'imagine dans un film de super-héros et je me dis que si je voyais un super-héros réagir comme ça et se comporter ainsi je n'aurais pas envie de regarder le film ou alors je me dirais : « Ben dis donc ce super-héros il se plaint tout le temps ! » Donc dans ces moments-là, je prends du recul et je me dis : « Est-ce qu'un héros réagirait comme ça ? Il se dirait plutôt : je peux le faire. La jalousie, le ressentiment, me plaindre, pleurer trop longtemps sur quelque chose ou quelqu'un que j'ai « perdu », ça ne m'avance à rien. Cela ne s'est pas passé comme je le voulais au moment où je le voulais ? Ça fait un petit peu caprice… »

Ne pas se juger bien évidemment ! Sinon on tombe dans l'autre phase de l'immaturité émotionnelle.

L'important est de se regarder vraiment, avec objectivité et se dire : « Ai-je agi de la manière la plus lumineuse pour moi et pour les autres à ce moment précis ? Si non, il est important que je me ressaisisse ».

Tu gagnes en confiance en toi et en la vie en agissant de la sorte. Et tu deviens le héros de ta vie, le personnage principal qui ose prendre des risques. Et même si ça ne fonctionne pas toujours, ose de nouveau avec innocence, pureté, naïveté et fais confiance à la vie même quand parfois, certaines personnes abusent de ta gentillesse ou de ta naïveté ou te prennent pour un fou.

Sois confiant en toi et en ta destinée.

Comme le dit l'oncle de Peter Parker dans Spiderman : « *Un grand pouvoir implique de grandes responsabilités* ».

A nous d'accueillir avec gratitude le succès, l'abondance et l'amour qui en découlent. Nous avons besoin de prendre nos responsabilités. Nous avons besoin de maturité. Nous avons besoin de nous comporter en héros. Nous avons besoin de nous regarder en face afin de voir aussi les énergies négatives qui pourraient nous faire prendre le chemin des vilains (haine, plainte, jalousie, critique, immaturité, réactivité de l'ego, du drame, du mauvais pouvoir, domination) et se dire dans ces moments-là : « *Un grand pouvoir implique de grandes responsabilités* ». Nous avons fait tant d'efforts. Maintenons le cap ! Incarnons ce héros ! Tu vas retrouver ta joie de vivre. Tu vas gagner en maturité et tu agiras à partir du cœur, à partir d'une envie vraie de servir le plus grand bien, le tien et celui des autres.

Nous sommes destinés à accomplir de grandes choses.

- Waouh ! Merci ! Je vais réfléchir à tout ce que tu viens de me dire. Je l'ai vu dans les

cartes : le retour d'une personne du passé qui va me faire grandir !
- Oh merci à toi pour ton écoute.
- Bon, je te laisse, je vais aller promener Arty (*son chien*) et profiter du soleil pour faire une randonnée. Ah, au fait, je me suis remis à l'écriture.
- Génial ! Bonne balade. Bisous.
- Bisous et belle journée.
- Merci à toi aussi. A bientôt !
- A bientôt ! Bisous.

Et nous raccrochons. L'avantage du haut-parleur c'est que je viens de finir de cuisiner.

Allez, séance de yoga à présent et un temps pour l'écriture aussi ☺

Chemin 6
L'âme retrouvée

Alors que j'étais en train de chercher l'articulation du chapitre 5 au 6, arrive dans ma tête la chanson de Nicoletta : Ma vie c'est un manège... (voilà l'exemple flagrant d'une intuition). Je recherche les paroles et les lis. Les voici :

« *Oui ma vie, c'est un manège*
Toutes choses passent, vont et reviennent
Oui ma vie, c'est un manège
Comme une chanson, c'est le temps qui l'entraîne
Surtout n'allez pas croire
Quand un amour s'en va qu'il sera le dernier
Car ma vie, c'est un manège
Qui ne cessera jamais de tourner
Oui ma vie, c'est un manège
Et je peux être Margot ou princesse
Oui ma vie, c'est un manège
Je peux être douce et tendre ou bien tigresse
À la fois femme et fille
Je n'ai que le visage de l'instant qui vient
Car ma vie, c'est un manège
Et mon Dieu que ce manège tourne bien
Parfois c'est vrai, je suis trop libre
Et je n'entends pas la raison
Je marche sur un jeu de quilles
Mais je veux bien être captive
De qui fait des quatre saisons

Un monde qui chante et qui brille
Qui chante et brille
Oui ma vie, c'est un manège
Mes amours passent, vont et reviennent
Oui ma vie, c'est un manège
Comme une chanson, c'est le temps qui l'entraîne
Et j'ai dans la mémoire
Un vrai calendrier de fêtes rien qu'à moi
Car ma vie, c'est un manège
Qui sans cesse tourne, tourne et tournera
Ma vie, c'est un manège
Mes amours passent, vont et reviennent
Car ma vie, c'est un manège
Comme une chanson, c'est le temps qui l'entraîne
Oui ma vie, c'est un manège »

Auteurs-compositeurs : Les Reed, John Worsley

Depuis des années, soit direct au réveil soit au cours de la journée (en allumant la radio par exemple), des chansons me traversent l'esprit et, à chaque fois, me transmettent un message. Je pourrais vous citer plusieurs exemples. Celui qui me vient en premier (en plus de Nicoletta) est celui que j'ai vécu un matin durant l'automne 2020.

Depuis ma séparation d'avec ex-mari n° 2, je n'ai pas connu d'histoires d'amour. J'y ai cru à maintes reprises et... non ! Je n'avais simplement pas compris l'importance d'expérimenter la solitude (une de mes plus grandes peurs) jusqu'au moment où j'ai décidé de faire une pause. Une vraie pause.

Quoi qu'il en soit, il y a eu une parenthèse de neuf mois avec Sébastien. Notre aventure a tourné court au mois de juin 2020, date à laquelle j'y ai mis un terme. Au mois d'août de la même année, il quittait ce monde. Dès l'annonce de son grand départ, j'ai senti sa présence à mes côtés. Beaucoup de signes et de messages à travers les chansons (le chant était une chose que nous avions en commun) m'ont confirmé mon ressenti.

Un matin, au téléphone avec Jérôme, je lui fais part de tout ceci. Il canalise que le rôle de Sébastien n'est pas d'être à mes côtés. Mais de soutenir sa maman, ses filles et ses deux ex-épouses. Nous raccrochons. Je décide donc de me connecter à Sébastien et de lui parler. Mon discours terminé, je m'avance vers la radio. Je l'allume. Et là, mes yeux s'écarquillent, je me fige. Qu'est-ce que j'entends ? Les premières notes de « *Je m'en vais* » de Vianney suivi directement, sans pub ni jingle de « *I will survive* » de Gloria Gaynor.

Le truc de fou ! Sébastien me disait qu'il s'en allait et moi je lui répondais que je survivrais ! Depuis, j'ai de temps en temps un clin d'œil assez neutre de sa part ! Comme quelqu'un qui me dirait : « Salut ! Ça va ? » et qui poursuit sa route sans attendre de réponse.

La chanson de Nicoletta me fait prendre conscience que je suis libre, à chaque instant, de me réinventer et de réinventer ma vie. Je crée ma réalité.

Je vais vers ce qui me fait vibrer haut. Je m'entoure de personnes aimantes, aidantes, avec les mêmes centres d'intérêts que moi. De celles qui ajoutent de la joie à ma vie. Et là je sens mon enfant intérieur s'activer. Ce qui me donne de la vitalité et de l'énergie et me fait vibrer haut. La boucle se boucle. Le cercle vertueux s'établit.

Ecouter mon enfant intérieur c'est être connectée à mon âme.

Ecouter mon enfant intérieur, c'est récupérer des morceaux d'âme que j'ai égarés au fil des tribulations de mon existence. Je réintègre des parts de moi-même. Ce qui fait de moi un être entier. Et en même temps, mon entièreté m'allège, me rend libre.

Ecouter mon enfant intérieur, c'est l'entendre me chuchoter à l'oreille de faire ce qui plaît à mon âme et ce qui plaît à mon cœur. Cela me permet de développer tout mon potentiel. Je déploie mes ailes restées trop longtemps dans la chrysalide.

Ecouter mon enfant intérieur, c'est prendre soin d'elle sur le plan émotionnel.

Ecouter mon enfant intérieur, c'est activer ma corne d'abondance.

Ecouter mon enfant intérieur, c'est solliciter tout ce qui est encore en sommeil en moi. Tout ce qui n'est pas encore révélé au grand jour. Et me laisser surprendre.

Ecouter mon enfant intérieur, c'est favoriser mon centrage sur ma vision intérieure et mes intentions afin de relâcher les peurs et les doutes et ainsi, renforcer la confiance et le courage d'agir dans le sens de mes rêves.

Ecouter mon enfant intérieur, c'est me réjouir par avance que mon rêve est déjà concrétisé dans la matière. Et chanter, danser pour remercier de l'avoir obtenu.

Ecouter mon enfant intérieur, c'est la rassurer, la guider, la protéger.

Chemin 7
En studio

Il y a quelques semaines, j'ai été contactée par un journaliste, David Marlow, d'un canal spécialisé dans l'éveil des consciences : « Connexion Gaïa ». Je suis toujours émerveillée des cadeaux inattendus de la vie. Il veut m'interviewer en studio pour un podcast ! Avant de lui donner mon accord, je lui demande comment il a obtenu mes coordonnées.

- C'est un secret, me répond-il. Une personne de votre entourage, à qui j'ai promis de préserver l'anonymat, veut vous mettre à l'honneur. De son point de vue, « vous restez trop dans l'ombre alors que vous avez tant à transmettre ». Ce sont ses mots...

- Oui c'est vrai qu'il m'arrive de dire que je suis une femme de l'ombre. Que je préfère œuvrer en coulisse. Donc c'est une personne de mon entourage proche... ah ah ! L'étau se resserre !

- Etes-vous aussi détective ? dit-il en riant
Sa voix est charmante et son rire est franc, ouvert, chantant. J'a-do-re. Rien que pour ça je vais répondre oui, pensais-je. Valérie, redescend sur Terre. Oooooooooh laisse-moi rêver cinq minutes...

- Allo ? Allo ? Vous êtes là ?

- Oui oui je suis là. Je vous écoute.

- Eh bien, si vous êtes d'accord pour participer à cette interview, pour une fois (et une fois n'est pas coutume), le projecteur sera braqué sur vous. Alors, c'est oui ?
- Huuuuuuum, je serais tentée de répondre oui car j'aime relever les défis et pour moi c'en est un.
- Parfait ! Je vous propose mardi 3 septembre à 10 h pour l'enregistrement. J'aimerais vous rencontrer avant afin de faire connaissance, à 8 h autour d'un petit-déjeuner ?
- Un instant… je prends mon agenda… alors… mardi 3 septembre… oui, c'est bon pour 8 h.
- Super ! Puis-je avoir votre adresse mail afin de vous envoyer une confirmation avec toutes les infos nécessaires ?
- Je vous la donne si vous me donnez un autre indice sur la personne qui vous a parlé de moi !
- Alors, voilà ce que je vous propose : je vous donne un indice à la fin de l'interview.
- Vendu ! Vous êtes doué en négociation… et vous ne perdez rien pour attendre !
- Alors là, c'est vous qui aiguisez ma curiosité !

Je perçois un grand sourire dans sa voix.
Je lui communique mon adresse mail et nous raccrochons.

J'appelle Sébastien pour lui annoncer la bonne nouvelle. Je suis surexcitée.

-   Oh mais c'est génial ! Je suis hyper content pour toi. L'enregistrement a lieu dans 15 jours. Et la diffusion ?
-   Ben, je ne lui ai même pas demandé ! Je suis teeeeeellement habituée à ce genre d'exercice !!!

C'est ironique, bien évidemment. Nous rions.

-   Bon voilà, ça commence.
-   Qu'est-ce qui commence ?
-   J'ai le trac !
-   Tout va bien se passer. Tu vas parler d'un sujet que tu connais à fond. Et puis il y a les montages si vraiment tu bafouilles.
-   Oui c'est vrai. Merci de me rassurer.
-   Arty ! Arrête ! Ce chien est fou ! Je sais pas ce qu'il a depuis ce matin, il court dans tous les sens… bouuuuuuuuuuuh !
-   Oui mais il est trop choupinou. Tu fais quoi ce soir ?
-   Je finis mes rendez-vous à 18 h. Tu veux qu'on se retrouve après pour un papotage en bonnet haut d'forme autour

d'une salade ? Faut que je fasse attention à mon poids...

-   Va pour une salade et une énorme glace en dessert !

Nous rions à nouveau. Ça finit toujours ainsi. « Non non je prends qu'une salade ». Genre on ne touche même pas au pain qui nous fait des œillades à n'en plus finir. Et à la fin du repas : « Souhaitez-vous la carte des desserts ? » « Ben oui... » Et nous voilà partis pour un banana split et une dame blanche

-   19 h sur le parking du Bar's and cocktails ?

-   19 h sur le parking du Bar's and cocktails. Bisous. A toute.

-   Bisous. A toute.

Ce fut une très belle soirée de rires, de confidences et j'avoue aussi un peu de papotages oiseux sur tout et rien qui font du bien.

Les 15 jours qui me séparent de l'interview ont filé à toute allure. J'ai écouté quelques podcasts de David Marlow. Et j'aime bien. C'est un univers complètement inconnu pour moi. Je suis confiante.

J'arrive au rendez-vous avec quelques minutes d'avance. C'est un espace de coworking. Tout semble si serein en ce lieu.

Le genre d'endroit où on se met à chuchoter sans raison juste parce que c'est calme et feutré. Une jeune femme très sympathique m'accueille et me demande de patienter en m'invitant à m'assoir sur un fauteuil à l'aspect très confortable :

- David ne devrait pas tarder. Puis-je vous offrir un café en attendant ?

- Non merci. Je veux bien un verre d'eau si c'est possible.

- Je vous l'apporte.

- Merci.

Je me dirige vers le fauteuil et je confirme, il est super confortable.

Je suis perdue dans mes pensées quand j'entends mon prénom :

-    Valérie ?

Je tourne la tête et lève les yeux.

-    Oui c'est moi (ça me rappelle toujours la pub d'un certain parfum avec un certain prénom... les lecteurs les plus anciens comprendront 😊) !

Je me lève.

-    David Marlow... enchanté de faire votre connaissance.

-    Valérie Battaglia, enchantée aussi.

Nous nous serrons la main. J'aime les poignées de mains fermes et enveloppantes. Son regard est franc. David a une quarantaine d'années et son physique est en rapport avec sa voix et son rire. Tout est charmant.

- Vous me suivez ? dit-il

Et comment !

- Vous avez trouvé facilement ?
- Oui le GPS est une divine invention.

Il me sourit et moi je fonds.

Nous échangeons quelques banalités.

Dans cet espace de coworking, il y a une pièce dédiée à l'enregistrement de podcasts avec tout le matériel nécessaire.

Nous y entrons. La pièce n'est pas très grande. Il y a deux canapés (l'un en face de l'autre), une table basse sur laquelle se trouvent des thermos de café et d'eau chaude, des tasses, du sucre, des sachets de thé, des verres, une carafe d'eau, des fruits secs et de petites viennoiseries. Sur un des angles du studio, une plante.

David me dit :

- J'ai opté pour ce studio car il y a des canapés. Ce sera plus confortable et plus ambiance « comme chez soi ».

   Avant de commencer l'enregistrement, nous ferons un essai vocal avec l'ingénieur du son. Mais pour l'instant, petit-déjeuner afin de faire connaissance.

Il m'invite à m'asseoir avec un geste de la main.

- Thé ? Café ?

- Café, merci.
- Sucre ? Lait ?
- Ni l'un, ni l'autre, merci.
- Avez-vous… as-tu… peut-on se tutoyer ?
- Oui bien sûr !
- Super ! As-tu des questions par rapport à l'émission ou l'enregistrement ?
- Euuh non, pas vraiment. C'est tout nouveau pour moi. Une 1re ! J'ai écouté quelques-uns de vos… de tes podcasts et, au-delà de certains sujets qui m'ont passionnée, j'ai trouvé l'ambiance très détendu, très libre…
- Oh, c'est génial. Merci. De mon côté aussi, je me suis informé à ton sujet. Quel parcours ! Ce sera intéressant de l'aborder. Cela peut inspirer des auditeurs.

Et il me fait part du style de questions qu'il est susceptible de me poser. Il m'indique aussi que souvent, et malgré la préparation, la teneur de l'interview est donnée par les réponses de l'invité. Ce qui permet une spontanéité des plus agréable.

Plus les minutes s'écoulent, plus je me détends et plus je me cale bien au fond du canapé.

Pendant notre échange, l'ingénieur du son, Thomas, est arrivé.

Un bip de la montre connectée de David retentit.

- Ah c'est l'heure. Nous allons commencer l'enregistrement. Ça va ?
- Oui, ça va.

Il me tend un casque, installe et règle la hauteur les micros. Et se rassied.

- C'est bon, tu es prête ? On peut faire un essai ?

Je mets le casque sur les oreilles.

- Oui, c'est bon. Et oui, on peut faire un essai.

Les battements de mon cœur accélèrent.

- Ok. Dis ce que tu veux. C'est juste pour le réglage de la voix.

Je m'exécute. Je bafouille. Je ne sais que dire. Drôle de sensation que d'entendre sa voix sortir d'un casque.

- C'est bon Tom pour le réglage ?
- Oui c'est bon, répond Tom
- Tom conservera les meilleures prises, supprimera les « hum », les « eeeeuh », les longs silences et les bruits de bouche inévitables, puis traitera ta voix pour la rendre la plus agréable possible à l'écoute...

Quand tu veux faire une pause, dis-le-moi, ok ?
- Ok !

- Allez une grande respiration... et c'est parti !

Il me regarde et me sourit. Je lui rends son sourire.

L'auto-saboteur : « Mais qu'est-ce que tu fous là... ». Valérie centre toi. Tu n'es pas tes pensées.

- Bonjour à tous. Je suis David Marlow de Connexion Gaïa et je vous invite à voyager avec moi dans le monde de l'ésotérisme, de la spiritualité et des mondes subtils.

L'auto-saboteur : « Tu sais bien que personne ne s'intéresse à ce que tu dis ». Ce n'est pas vrai, j'ai des témoignages quotidiens que ce que je dis ou écris intéresse.

- Chaque mois, nous retrouvons un invité qui nous parle de sa prise de conscience, son parcours, sa transformation, ses capacités extra-sensorielles et son apprentissage dans les domaines qui le passionnent.

L'auto-saboteur : « Tu vas bafouiller ». Je me reprendrais et ce sera couper au montage.

- Soyez les bienvenus. Je suis heureux de vous retrouver sur « Connexion Gaïa ». Si ce que je fais vous plait, que vous souhaitez plus de contenus et me soutenir, vous pouvez faire un don, le lien est sous les notes de l'épisode. Vous pouvez aussi liker, écrire un commentaire et partager autour de vous. Pensez à vous abonner en activant la cloche afin de recevoir toutes les notifications et ne rien manquer.

Aujourd'hui, nous retrouvons Valérie Battaglia. Valérie m'a été recommandée par un ami (*Ah, c'est donc un homme, 1ᵉʳ indice. Je n'en ai pas 36 autour de moi…*). En effet, et pour être tout à fait honnête, je ne te connaissais pas. Notre conversation téléphonique pour t'inviter à enregistrer ce podcast m'a conquis ainsi que le petit-déjeuner que nous avons partagé ce matin. Tu es une femme discrète, parait-il. Trop discrète aux dires de cet ami. Pour faire une courte présentation, Valérie est thérapeute, formatrice depuis 13 ans en Reiki, Shiatsu, Médecine chinoise, Fleurs de Bach et Huiles essentielles. Et il y a deux ans, Valérie s'est lancée dans l'écriture en autoédition. Je vous mets toutes les infos utiles dans le descriptif sous ce podcast. Valérie…

- *Dieu que j'aime quand il prononce mon prénom !*
- …j'ai envie…

- *Moi aussi mais je ne vous dirais pas de quoi... je ris intérieurement. Valérie, sois sérieuse ! Au moins, je sais par cette réaction que l'auto-saboteur n'a pas eu le dessus.*

- ...de rentrer dans le vif du sujet...

- *Ah tu appelles ça comme ça toi ? Ok ça m'va. Valérie, stop !!!*

- ...comment en es-tu arrivée là ? Peux-tu nous dire ce qui te passionne ? Qu'est-ce qui te nourrit intérieurement et qui te donne cet élan pour avancer vers tes objectifs, vers tes rêves ? J'ai été fouillé dans ton parcours, j'ai lu tes livres afin de mieux comprendre qui j'ai en face de moi. Je suis intrigué, je l'avoue. Qu'est-ce qui te donne ce courage-là d'avancer vers tes buts ?

- Je pourrais commencer par « il est une fois »... mais vu le nombre de vies que j'ai l'impression de vivre depuis quelques années, ce n'est juste pas possible...

Je me racle la gorge comme pour prendre mon élan.

- Avant d'entrer dans ce monde magique et merveilleux, j'étais une personne très terre à terre : tu nais, tu meurs et entre deux, tu fais ce que tu peux. Tout ce qui arrivait de mauvais dans ma vie était toujours la faute de l'autre. J'avais mal quelque part ? Médoc. J'étais malade ? Médoc. Bref... cartésienne et une confiance aveugle en la science et la médecine. J'étais à fond dans le système : comparaison, compétitivité, obéissance aux dictats sociétaux... Puis la dépression est arrivée vers l'âge de 29 ans... avec des questions sans réponse... Comment, alors que tout allait bien dans ma vie, je pouvais ressentir un tel mal-être ? Un mari aimant et aimé, deux merveilleux enfants, une vie stable... Bien sûr, anti-dépresseur et une seule visite chez le psychiatre car je suis une femme forte et que je n'ai pas besoin d'aide ! J'étais persuadée que si j'allais chez le psychiatre, je prenais le risque de me retrouver à l'asile, qu'on m'enlève mes enfants, de passer pour une personne faible, instable... L'horreur absolu. L'erreur absolue. Ce genre de pensée m'a, en même temps, ajouté de la pression et sauvé ! Quoi qu'il en soit, la dépression fut le premier pas... Quelques années plus tard, quand j'ai compris, je lui ai dit merci !

A ce moment-là, nous vivions en Allemagne avec ex-mari numéro 1. Nous y sommes restés quatre ans et demi avant d'habiter la Suisse pour une quinzaine de mois et enfin revenir en France en septembre 1997. Pendant six ans, j'ai été mère au foyer comme on dit ! Avec le recul, et malgré la difficulté d'être loin de ma famille, je suis heureuse d'avoir été présente pour mes enfants. Donc, nous revenons en France en 1997. Après avoir rénover la maison que nous louions, mes deux enfants étant scolarisés, j'ai eu envie de reprendre une activité professionnelle. Le temps de mettre à niveau mes compétences en informatique, j'ai trouvé un travail. Je fais une parenthèse : j'utilise ici sciemment le mot « travail » même s'il est banni depuis longtemps de mon vocabulaire car l'étymologie de ce mot est, en latin, tripalium, instrument de torture composé de trois pieux ! Dans l'inconscient collectif, quand une personne dit : « Je pars travailler », traduire par : « Je pars me torturer ! »...

Je trouvai donc un travail à mi-temps pendant quelques années. Puis à temps plein.

Un matin, en me réveillant, j'ai ressenti revenir les prémisses de la dépression ...

Cela faisait deux ans que tout allait bien. Il était hors de question que je retombe dans les anti-dépresseurs et autres produits aliénants. Oui mais quoi ? Je ne connaissais rien d'autres en matière de soins. Et pourtant je sentais très fort au fond de moi qu'une autre solution était possible. Ça n'a pas trainé... Quand l'élève est prêt, le maître apparait... Une amie et collègue me voyant triste et pas vraiment dans mon assiette me demande ce que j'ai. Je le lui explique. Elle me répond : « Va voir ma thérapeute ». J'ai ressenti de la panique au simple fait de cette phrase !! Cette amie avait recours aux thérapies complémentaires depuis des années. Je refais une parenthèse : j'utilise le mot « complémentaire » car « alternatif » veut dire que c'est OU l'allopathie OU le naturel et « parallèle », deux droites qui ne se rencontrent jamais. La médecine occidentale, de mon point de vue, est une médecine d'urgence. Donc oui, pour cette pratique en cas d'urgence ET oui aux thérapies naturelles.

C'est l'été 2001. Je lui réponds « ok » à la condition qu'elle m'accompagne, m'attende et me ramène à mon domicile car pour moi, c'est une découverte et je ne sais à quelle sauce je vais être mangée.

Je me retrouve quelques jours plus tard dans le cabinet d'une kinésiologue. Autre parenthèse, c'est l'une des rares thérapeutes dont je me souvienne le nom, c'est dire l'impact qu'elle a eu sur le restant de ma vie. Merci Madame. Mon état d'esprit est neutre. Je n'attends rien. Je découvre. La séance se termine. Je prends mon temps pour m'assoir sur la table de massage (je suis un peu étourdie par ce qu'il vient de se passer). Et là, je constate que je n'ai plus aucun symptôme. Et alors que j'étais toujours dans le cabinet de la thérapeute, je me suis dit : « Un jour je passerais de l'autre côté de la barrière. Je ne sais pas pourquoi, quand, comment, où. Mais si je peux offrir le quart du tiers de ce qu'il vient de se passer, c'est gagné pour le patient ». Je venais de vivre un miracle. Ce jour-là fut ma première révélation.

Dans la voiture, j'explique à mon amie la séance. Et tout à coup, je me suis mise à pleurer en lui disant à maintes reprises entre deux sanglots que j'avais envie de manger du pain. J'ai pleuré pendant une heure. Et j'ai dévoré une baguette entière. Je me suis aussi mise à dévorer des livres de « dépouillement » personnel et a regardé beaucoup de documentaires.

Le 28 août 2009, ex-mari n° 2 et moi avons été victimes d'un home-jacking. Comme les deux home-jackers ne trouvaient pas les clefs de la berline allemande d'ex-mari n° 2, ils sont venus nous réveiller. C'est comme ça que je me suis retrouvée, à 3 h du matin, avec une arme sur la tempe en plein milieu du salon pendant que l'autre escortait ex-mari n° 2 jusqu'à la voiture. Dès que les home-jackers sont partis, ex-mari n° 2 a téléphoné à police secours. Je ne faisais que pleurer. J'ai appelé mon frère. Quelques minutes plus tard, les policiers sont arrivés. J'avais l'impression d'assister au tournage d'un film policier. Puis nous avant été auditionnés toute la matinée. L'audition terminée, j'ai demandé à ex-mari n° 2 de m'amener à un magasin ésotérique afin d'acheter de l'encens pour purifier l'énergie de la maison. Et quand je suis arrivée à la caisse, j'ai vu une affiche « Initiation Reiki usui niveau 1 ». Je me suis dit : « Il est temps ». J'ai pris contact avec le formateur. Et en octobre 2009, je recevais l'initiation au 1er degré de Reiki Usui. Ce fut ma deuxième révélation... Huit années après la première. Ce week-end-là, je me suis sentie à ma juste place. J'ai eu comme une réponse à ce que j'avais ressenti dans le cabinet de la kinésiologue. J'ai su le pourquoi de ma venue au monde. Ma mission de vie si vous préférez. A partir de cette date-là, les formations se sont succédé jusqu'en juin 2017.

Pour faire un bref résumé : en septembre 2001, je reprends mes études à l'ESC de Lille jusqu'en juin 2003. En février 2002 : grippe phénoménale et grosse prise de conscience que mon couple part à vau-l'eau. Ça n'a pas trainé, le divorce est prononcé en juin 2003, année où je démissionne d'un CDI pour un CDD afin d'évoluer à la suite de l'obtention de mon diplôme de l'ESC. A partir de 2004 jusqu'en juillet 2010, j'occupe différents postes d'ingénieure commerciale en CDI. En 2006, je rencontre celui qui allait devenir mari numéro 2. Et d'octobre 2009 à juin 2017 : formations en Reiki Usui et Karuna®, Réflexologie plantaire, Huiles essentielles, Fleurs de Bach,

Massages crânien, des mains et des pieds au bol Kansu, Médecine chinoise. Je démissionne en juillet 2010. Et je m'installe en janvier 2011 comme thérapeute en auto-entreprise. Je me remarie en avril 2011. En mars 2012, j'initie au Reiki pour la première fois. Le 12 mars 2018, date anniversaire d'ex-mari n°1, la vie est bien faite, vive le karma, le divorce d'avec ex-mari n°2 est prononcé. Et 2022, auto-édition des premiers livres.

- En effet… les mille et une vies de Valérie ! Avec tout ce que tu as vécu, tu aurais pu baisser les bras plus d'une fois… le home-jacking, ce n'est pas rien ! Qu'est-ce qui te donne ce courage-là d'avancer encore et encore ?

- J'ai appris à m'ouvrir au monde. J'ai acquis la confiance ainsi que toutes les connaissances nécessaires pour m'ouvrir au monde. Et comme rien ne m'appartient, je partage. Je distille du mieux que je peux pour aider celles et ceux qui, comme moi, à un moment ont ouvert les yeux. Tout ce qu'il se passe dans ma vie est le fruit de ma volonté. Je suis souveraine et puissante. Je reconnais ma puissance de création et d'indépendance. Je suis capable de créer tout ce que je veux, tout ce que je désire. Je canalise l'énergie pour la rediriger au bon endroit et ne pas m'éparpiller surtout quand j'ai plusieurs projets en même temps. Ce qui est le cas en ce moment.

- Des projets ? Peux-tu en parler ?

- Peut-être une prochaine fois. Je ne suis pas seule sur ces projets. Je n'ai pas l'accord de mes partenaires pour le faire.

- Très bien. J'apprécie ta franchise et ton honnêteté.

- Ce que je peux dire, c'est qu'avant d'en arriver là où j'en suis aujourd'hui, et je continue d'évoluer, j'ai traversé des séparations qui m'ont comme entraînée à vivre l'expérience de LA séparation. Ce fut une épreuve très physique avec beaucoup de pleurs, de tristesse, des sensations très très fortes, beaucoup d'inconfort et beaucoup de colère. Je n'ai rien ressenti de plus violent dans ma vie. C'était un mal nécessaire ce qui m'est arrivé. Je sais maintenant que la plus grande des évolutions est traversée par des épreuves parfois très douloureuses. C'est à ce prix-là que j'ai pu drastiquement évoluer et comprendre.

Puis j'ai commencé à récolter les fruits de ce dur labeur. Cela en valait toute cette tristesse car même si j'ai souvent eu l'impression de subir, il a été nécessaire pour moi de subir tout cela afin de comprendre et réagir. Cela peut paraître mystérieux mais c'est à partir de ce moment-là que ma vibration, mon énergie a changé. Je suis sortie du mode de victime. Et ça c'est une de mes plus grandes évolutions.

- Le fameux triangle de Karpman : bourreau, victime, sauveur...

- Oui, tout à fait. Quand on est en mode « victime »... par exemples : « De toutes les façons, je n'ai pas assez d'argent pour ci pour ça », « Moi je ne suis pas né avec une cuillère d'argent alors que pour d'autres c'est beaucoup plus facile que moi », etc), c'est en lien avec le fait de subir et donc d'être victime de la situation et ne de pas prendre ses responsabilités pour changer cet état. A partir du moment où j'ai pris conscience de ce schéma-là, c'est-à-dire le fait de me dire que « je ne pouvais faire autrement », « que c'est ainsi », « que je n'ai pas de chance », « que de toute façon ce sont les autres les responsables

105

de mon malheur » etc... Bref de me prendre en flagrant délit de victimisation, que cela m'a permis de changer la donne de façon drastique. A ce moment-là je n'ai plus été dans le sacrifice parce qu'étrangement lorsqu'une personne est dans un état de victime, elle reproche justement aux autres cet état-là. Comme si c'était la faute de l'autre. On le fait par impuissance à ce moment-là car la souffrance est si forte qu'on va l'envoyer à l'autre comme si c'était la faute de l'autre. C'est très étrange la vie humaine, nous avons tendance, sans nous en rendre compte, à inverser la situation. Je m'explique, quand on se positionne dans le rôle de victime, et bien très souvent on finit par devenir le bourreau de l'autre aussi. Cette prise de conscience ne m'a pas fait plaisir au départ. Et pourtant, cela a changé beaucoup de choses dans ma vie. Au lieu de me dire que je manque toujours de quelque chose ou de quelqu'un, j'ai appris... car c'est vraiment un apprentissage personnel. Bien sûr, on peut se faire aider. Et c'est même conseillé. Rien dans notre éducation ne va dans ce sens... à voir tout ce que j'ai déjà. C'est aussi en lien avec le manque d'abondance. Quand nous sommes dans un état de victimisation où on pense qu'on n'a pas assez etc, en fait on ne prend pas de risques parce qu'il y a la peur d'avoir encore moins. Alors on stoppe tout. On stoppe l'énergie de l'abondance. Ce n'est pas du tout une punition c'est-à-dire que selon ce que nous vibrons, l'Univers va y répondre. Il s'agit ici de modifier cet état de fait pour accéder à l'abondance. Lorsqu'il y a des problématiques d'abondance et que tu as l'impression que les choses ne bougent pas, que tu ne gagnes pas assez, que tu n'es pas promu à la hauteur de ce que tu donnes au boulot, etc, etc, c'est comme si ce n'était jamais assez. Et que vas-tu faire ? Tu vas en faire plus pour peut-être, un jour, être promu. « Une main-d'œuvre gratuite » de la part d'une personne qui va donner plus que nécessaire ? Eh bien le boss n'a aucune raison de t'augmenter puisqu'il peut l'avoir gratuitement... Tu vois l'idée ? Il est très important de considérer que tu es déjà dans l'abondance, que tu as déjà cet argent parce que sinon tu fonctionnes toujours avec le manque.

- Qu'as-tu mis en place pour changer cette croyance ?
- J'ai cessé de faire les comptes. Quand je prends de l'essence, je ne demande pas le ticket ni ne regarde le montant. Si quelque chose me fait plaisir, j'ai arrêté de me dire que cela coûte cher (cela ne veut pas dire que je vais l'acheter, juste de ne plus me dire « Ah, oui, quand même 75 € pour un t-shirt !) et je ne réclame pas le ticket de caisse. J'essaie vraiment d'être dans cet état, d'incarner l'abondance. Voilà ce qui m'a aidé, entre autres choses, à modifier cette perspective de moi-même en état de manque.

Alors oui nous pouvons voir cela comme un investissement et c'est ce que je fais ! J'investis sur moi. Si j'ai envie de m'acheter des fleurs, par exemple, je le fais. C'est un achat que je m'interdisais avant parce que j'estimais que c'était trop cher. Mais ça n'a pas de prix et ça contente tellement le cœur que je suis en joie de les avoir achetées. C'est un vrai plaisir pour moi et je ne me dis pas : « Ah mais avec ça j'aurais pu acheter de la nourriture ou des choses comme ça ». Le fait que mon cœur soit en joie pour moi, c'est inestimable. Pendant des années, en refusant d'acheter des fleurs, je sacrifiais mon bien-être en fait. Je sacrifiais le beau en me disant que je n'y avais pas droit. C'est comme si je me coupais moi-même de ma propre abondance dès lors que je m'interdisais des choses. Alors oui, bien sûr que c'est important de voir ses finances et de pas faire n'importe quoi. Mon discours ici n'est pas de te dire d'acheter n'importe quoi. Tu peux débuter avec des petites choses : une bougie, de l'encens, une fleur... par exemple. Ça change directement ton état énergétique.

L'humain est parfois retors c'est-à-dire qu'au lieu de prendre ses responsabilités, il va envoyer au monde toute sa frustration, sa colère en faisant porter le chapeau aux autres. C'est beaucoup plus facile de pas prendre ses responsabilités. La vie ce n'est pas ça. Si tu souhaites sortir de ce schéma il est nécessaire de te responsabiliser parce que tant que tu es là-dedans tu n'es pas responsable et tu fais porter le chapeau aux autres et ça ce n'est pas juste.

Sortir de ce schéma te permet d'aller à la rencontre de personnes qui t'élèvent, te soutiennent alors que jusqu'à présent tu avais l'impression que les gens ne te soutenaient pas... Oui, c'est vrai, tant que tu restes dans cette énergie de victime. C'est difficile de soutenir une victime car c'est injuste de faire porter le chapeau aux autres, même si c'est de manière inconsciente.

Sortir de ce schéma te permet de réaliser de plus en plus tes rêves, tes souhaits les plus chers.

Sortir de ce schéma te permet de reprendre les rênes de ta vie.

Au départ, c'est un réveil puis un éveil spirituel et enfin un éveil de conscience. Etape après étape. On prend de la hauteur. On gravit la montagne. On évolue au fil des jours, des mois, des années. Le regard s'éclaire. C'est une illumination. Un instant de grâce. C'est en transformation constante en évolution constante. Rien de stagne. Cela m'a donné envie de faire de grandes choses, de mettre en place ma micro-entreprise, de matérialiser et de concrétiser quelque chose de très important à mes yeux. Quelque chose qui me tient vraiment à cœur : faire exactement ce qui me convient et ne pas me sentir restreinte par des obligations ou des limitations. Les surpasser. Car, lorsque tu trouves le bon chemin pour toi, tout s'ouvre. Tout en toi bouillonne.

J'ai envie de laisser une empreinte ici sur terre. Et j'œuvre dans un but bien précis. Et cela n'a rien à voir avec de l'égocentrisme. Je le fais parce que c'est exactement ce qui m'épanouit le plus même si cela me demande beaucoup de labeur. L'empreinte que j'ai envie de laisser ici sur terre, c'est quelque chose d'extrêmement altruiste, de bienveillant, qui a du sens, qui est là pour durer.

Ce que je fais c'est exactement la bonne chose à faire pour moi dans une énergie très satisfaisante, très sécurisante et je suis guidée par ma bonne étoile

Je suis à ma place. Je me félicite à chaque victoire. Je me délecte de chaque instant. J'avance à mon rythme. Et je prends le temps de pause pour savourer le moment présent.

Je n'ai pas peur de me renouveler ou de passer à autre chose.

C'est le projet de toute une vie.

- Il y a une telle douceur, un tel calme qui émanent de toi. Cela inspire la confiance. Oui on a tout de suite envie de te faire confiance. Je ne sais pas pourquoi il se dégage quelque chose de très rassurant. Je me sens en confiance. Je me sens apaisé. Que tout va bien. Je ressens aussi ce côté solitaire. Tu es indépendante. Je te sens accomplie. J'ai comme cette envie de me confier à toi naturellement. Comme si tu étais la personne qui arrive et qui remet tout en ordre, qui répare, qui réajuste… Comme si tu étais une clé pour l'autre. Il se dégage de toi du charisme, de l'assurance, de la confiance. Du respect… beaucoup de respect… J'ai beaucoup d'admiration pour tout ce que tu as mis en place dans ta vie. C'est une vocation. Tu es venue sur terre pour ce rôle. Il y a quelque chose vraiment qui émane, qui est comme le dévouement, le don de soi, de soutien. Il y a un côté chez toi libérateur dans le sens où tu libères l'autre.

Je sais que cela peut être un exercice difficile mais comment te perçoivent les autres ?

- Tout d'abord, je suis très émue par tes paroles. Elles me touchent. Bon ben voilà, tes mots me font pleurer…

- Mes mots en sont désolés. Tu souhaites faire une pause ?

- Que tes mots ne soient pas désolés. J'évacue un trop plein de bonheur. Je vais boire de l'eau et prendre une grande respiration…

Mes larmes se tarissent. Je ne sais si ce sera couper au montage mais ce moment fut très beau, très fort.

- J'ignore comment me perçoivent les autres. Je ne vais donc pas répondre en ce sens. Ça leur appartient. Je vais plutôt parler de ce que je souhaite apporter aux autres. Je souhaite avoir cette capacité de soulager voire de libérer l'autre de traumas, de blocages, de difficultés. Aider des personnes qui ont cette envie, ce besoin de se sentir accompagnées, soutenues dans une période de leur vie. Être une épaule rassurante. Pourquoi pas un phare dans la nuit. Que ma lumière guide l'autre parce qu'à un moment sa vie est plongée dans les ténèbres de la souffrance. Je mets à disposition des clefs. C'est mon engagement vis-à-vis de l'autre. Cette union… cette alliance avec l'autre est au cœur de mon métier. C'est être tournée vers l'autre, faire preuve de générosité, de bienveillance, de disponibilité, d'écoute, de compassion, d'empathie, de calme. Je suis guérisseuse du cœur, de l'esprit, du corps, de l'âme. J'ai la capacité de réparer, de régénérer, de guérir ce qui a été abîmé, cassé, brisé. J'apaise, je soulage ceux qui souffrent peu importe l'origine de leurs maux. Cet engagement, guidé par le divin, est porté par la foi et la confiance. J'y ai été poussée... Je n'ai pas vraiment eu le choix. Et je n'ai pas cherché à l'avoir. C'est clair que j'ai vite compris que l'univers de la spiritualité (au sens large) est fait pour moi. Je peux dire que j'ai des dons (dans le sens « facilité, capacité ») pour les soins énergétiques, tout ce qui a trait à la canalisation des messages et la transmission par les formations.

J'ai aussi cette capacité à pouvoir structurer le mental d'une personne. Structurer dans le sens de lui donner une direction, un soutien émotionnel, un plan d'action pendant qu'elle avance sur son chemin. Je guide, je conseille, je transmets.

Mon énergie de guérison est une énergie de nettoyage, de purification. Elle est percutante. Elle vient brûler. Et elle passe par la communication à tous les niveaux. Je remets les gens en action. Je ne les laisse pas dans une énergie de stagnation, je les remets en mouvement. Je leur pose des questions. Ainsi, ils reprennent leur pouvoir personnel, puisqu'ils répondent et trouvent ainsi leur propre solution. Celle qui leur convient le mieux. Je ne leur apporte pas le poisson, je leur apprends à pêcher. Je les aide à aller plus loin. Je leur montre qu'ils sont maîtres de leur destin. Je leur apprends à prendre soin d'eux-mêmes. Je remets du feu dans leur vie. Je dirais que ce n'est pas chez moi où l'on vient pleurer ou se plaindre. Ceux qui viennent me voir viennent chercher des conseils pour avoir une solution. C'est peut-être brut de décoffrage ce que je vais dire mais si la personne vient se plaindre, elle trouvera face à elle, un mur. Je vais écouter bien évidemment mais tout de suite j'embraye par exemple sur : « Ok ! Et d'après vous, de quoi avez-vous besoin pour sortir de cette situation ? ». Je vois clair dans leur jeu et surtout je vois au-delà de tout ça. Je vais aller chercher exactement là où il y a besoin d'aller chercher. Je suis très rationnelle. Je montre par a + b que les choses sont telles qu'elles sont. Que leur chimère n'existe pas. Ce sont des histoires qu'ils se racontent. On ne peut pas me la faire à l'envers... ou pas longtemps... Je mets le doigt là où ça fait mal. Ce n'est pas pour faire mal, c'est pour replacer la balle au centre, prendre conscience des choses. Ramener de la conscience à l'inconscient. Se mettre face au miroir. Débloquer la situation. Sortir du déni, d'un état d'être comme figé. Tout ce qui a été mis sous le tapis. Je débusque leur manière d'agir pour se victimiser et je les aide à se mettre en mode « Je suis acteur de ma vie ». Beaucoup sont convaincus qu'ils ne peuvent rien faire. Qu'ils ne peuvent agir. Je replace les choses dans leur contexte de manière concrète. Je les ramène à la réalité. Les choses sont telles qu'elles sont et non pas telles qu'ils les voient. Quand les personnes viennent me voir elles savent à quoi s'attendre. Je suis celle qui casse les œufs dans l'omelette !! Oui sur le moment ça peut piquer ou faire mal. Mon souhait est que chaque personne qui sort de séance sache où elle en est, retrouve son chemin, celui qui leur est destiné et a repris son pouvoir personnel.

C'est une véritable vocation spirituelle. Un éveil de conscience : servir la lumière et garder ce but près de mon cœur pour mon plus grand bien, le plus grand bien de tous et en harmonie avec l'Univers. Je me consacre au sens divin de la vie.

Je suis alignée avec mon âme depuis que j'exerce ce métier. Et peu importe de quelle façon on guérit l'autre, c'est-à-dire peu importe la méthode, il est essentiel d'avoir cette foi inébranlable que tout est possible et en ses capacités de guérison. Il est vraiment important d'en faire bon usage et d'aider par amour avant tout. Il y a tant de dérives… Je garde en mémoire qu'avant tout je le fais avec le cœur. C'est une mission du cœur. C'est une mission d'âme. Le dévouement, la patience, l'écoute, le don de soi, le disponibilité et l'amour de son prochain sont des qualités indispensables pour exercer ce métier.

Un thérapeute doit (et j'utilise sciemment le verbe devoir) être responsable de sa vie. Il est là pour faire du bien à ceux qui sollicitent son aide et les guider.

Un autre point important que je souhaite aborder : bien sûr que les thérapeutes peuvent connaître l'abondance. Être à l'aise avec la notion d'argent. Nous apportons notre aide. Nous faisons quelque chose pour l'autre. Il est donc naturel de recevoir en échange et ainsi de continuer à accomplir ce rôle. Comment croyez-vous que les thérapeutes se nourrissent ou paient leurs factures ? Ou alors il faudrait reprendre un autre boulot et ne plus accomplir ce rôle. Donc et afin que je puisse l'accomplir, j'ai besoin de recevoir en échange une somme d'argent. Et que cette somme d'argent que je demande soit toujours alignée pour moi. L'argent est souvent un gros point noir, ce qui peut énormément bloquer dans l'accomplissement de la réussite de chacun.

L'Univers a besoin de guérisseurs : cette pièce de monnaie que l'on te tend, prends-la. Si tu es aligné avec tout ceci alors je te garantis, les portes de l'abondance (sans oublier le cœur. Le cœur est au centre) s'ouvrent et restent ouvertes et le succès suit.

Se libérer de sa vision et de son comportement vis-à-vis de l'argent parce que souvent les personnes dans le soin ont un rapport à l'argent aïe aïe aïe !!! Et moi la première au début !!

Je fais confiance à l'Univers parce que Lui a déjà tout prévu. Il sait exactement les personnes qui solliciteront mon aide.

- Merci pour tout ce que tu dis. Cela résonne en moi... Je suis très ému...

Il se racle la gorge et boit un peu d'eau. J'en profite pour m'hydrater aussi. Il reprend :

- Peux-tu nous raconter ton point de bascule ? Tu m'as dit avant l'interview que c'est une séparation qui a été le grand virage dans ta vie.

- La séparation d'avec ex-mari n° 2 a été, pour l'instant, l'étape initiatique la plus importante... l'étape de ma vie la plus douloureuse et la plus importante. Depuis, chaque jour, je me construis la vie que j'aime. En accord avec mes valeurs. Et même si ce n'est pas tous les jours tout rose, c'est ma vie, mes choix, mes envies... Je ne dois rien à personne. Tout ce que j'ai bâti et tout ce qu'il reste à venir, je ne le dois qu'à moi et moi seule.

- Je ressens derrière cette détermination, une souffrance qui ne laissait que peu de choix. C'est un peu : marche ou crève...

- Moui... c'est un peu ça en effet... Il y a des moments, je ne sais pas d'où j'ai tiré cette volonté de m'en sortir... Mon optimisme légendaire, une équipe au sol au top et

119

une équipe stellaire de chic, de charme et de choc, dis-je dans un éclat de rire.

- Que peux-tu conseiller pour celles et ceux qui souhaitent prendre une nouvelle orientation dans leur vie ? Et pas nécessairement dans le monde de la spiritualité...

- Quand je me suis lancée dans ce domaine, j'ai parfois eu des doutes, des moments de confusion (« Mais qu'est-ce que je suis en train de faire ? C'est n'importe quoi !). Cela arrive à tout le monde... Alors, je me disais : « J'ai été capable de mettre 35 h par semaine et pendant des années pour quelqu'un d'autre, pour réaliser son rêve, dans son entreprise, alors je peux bien mettre quelques années de ma vie dans mon rêve, patienter quelques années pour voir les fruits commencer à mûrir (la patience est importante sur le chemin. C'est important aussi de continuer les efforts même et surtout, quand c'est difficile) !

La confiance aussi est importante : c'est avoir suffisamment foi en soi pour continuer d'avancer et assez d'assurance pour y arriver.

Je laisse de plus en plus de place à mon intuition. Et plus je la laisse s'exprimer et plus elle se développe. Elle et moi nous nous sommes apprivoisées 😊 Je reçois des messages et des guidances qui m'aident et aident ceux qui me le demandent.

Tout ce qui touche à la nature est très important pour moi que ce soit par le biais des huiles essentielles, des fleurs de Bach, des balades en forêt ou plus rarement au bord de la mer ainsi que mon alimentation (je cuisine du frais tous les jours).

La pratique quasi quotidienne du yoga ou do-in. Des séances bien-être régulières. Je prends soin de mon véhicule. Sur ce chemin, je n'ai jamais été seule. Je suis en sécurité et protégée à chaque instant par l'énergie de mon âme et de mes guides.

J'ai retrouvé aussi mon enfant intérieur... La voix de mon enfant intérieur. Je me suis mise à l'écouter.

J'ai ressenti le besoin de transformer mes relations : ce que je partage avec les autres, est-ce équilibré ? Ce que je reçois de l'autre, est-ce que cela reflète ce que je donne ? J'ai réenvisagé mes valeurs. J'ai réenvisagé ma place dans le monde. J'ai réenvisagé mon identité. Le ménage extérieur nettoie à l'intérieur. Et inversement proportionnel.

J'ai pris le temps de guérir mes blessures. J'ai pris le temps de me poser les bonnes questions. Je me suis positionnée. J'ai appris à gérer mes énergies. J'ai repris mon pouvoir. Chaque jour, je marche, avec détermination, vers mon authenticité : joyeuse, aimante, lumineuse. La vie est un vaste champ des possibles.

Ce que je peux dire aussi à une personne qui souhaite prendre un virage à 180°... je vais tenter de structurer ma pensée... alors... je dirais :

1. Ne pas se comparer aux autres et ne pas faire comme les autres. L'inspiration, oui, la copie, non. Vous n'irez pas bien loin.

2. Comment mettre en lumière votre individualité, ce qui émane de vous, de votre Essence Divine (pas votre faux moi : la personnalité que vous vous êtes construite avec vos conditionnements en lien avec votre éducation) ? Qui êtes-vous sans votre éducation ? Et surtout qui voulez-vous devenir ?

3. Quels sont vos désirs ? Vos rêves ?

4. Quelles sont vos compétences (et ne me dites pas que vous n'en n'avez pas. Nous en avons tous) ? Quelles sont vos connaissances ?

5. De quoi avez-vous besoin pour atteindre vos objectifs ?

6. Comment organiser tout cela pour le mettre dans la matière, pour en faire profiter le monde ?

7. Vous reconnecter à votre magie intérieure.

8. Vous avez acquis des connaissances tout au long de votre parcours et vous souhaitez en faire profiter le plus grand nombre ? Créez votre propre formation. Et transmettez de manière intuitive, simple, ludique, joyeuse, dans le plaisir afin de créer ainsi de beaux égrégores de joie, de lumière, de magie… fait avec sérieux sans que ce soit trop sérieux, trop plombant, trop carré sinon vous allez vous ennuyer puis vous allez ennuyer les autres.

9. Concentrez bien vos pensées, vos sentiments et vos actions sur la cible que vous vous êtes fixé et vous atteindrez vos buts.

10. Des pensées positives en lien avec ce qui vit à l'intérieur de vous. Ne vous branchez pas sur vos peurs. Branchez-vous sur ce que vous avez envie de mettre dans la matière et d'aller dans ce sens comme si c'était déjà fait.
11. Nourrissez-vous de lumière, d'amour par des méditations, des intentions, par la gratitude.
12. Permettez-vous de recevoir. Ainsi vous développerez votre intuition. Vous aurez plus d'énergie et vous serez davantage capable de donner aux autres.

Voilà ce qu'il me vient de manière spontanée. J'en ai surement oublié. C'est un bon début.

- Je te remercie de tout cœur pour cet instant partagé ensemble.
- Merci à toi de m'avoir invitée, merci à nous d'avoir rendu ce moment possible et merci aux auditrices et aux auditeurs.
- Si tu souhaites revenir pour parler de tes projets ou autres sujets, tu es la bienvenue.
- Merci.
- Voilà chères auditrices, chers auditeurs, c'est David Marlow pour le canal

« Connexion Gaïa ». J'espère que cet épisode vous a plu. Si vous souhaitez en savoir plus sur Valérie, vous pouvez vous rendre sur son site ; je vous mets le lien dans les notes sous l'épisode. Tous les podcasts de Connexions Gaïa sont disponibles sur vos plateformes d'écoute préférées. Je remercie toutes les personnes qui, de près ou de loin, contribue à l'existence de ce canal. A bientôt et prenez soin de vous. Je te laisse le mot de la fin Valérie.

- Je crois en la manifestation. J'ai foi en moi. Je suis connectée au monde spirituel. Je me sens aimée, encouragée, soutenue, appréciée. L'amour inconditionnel que je donne me revient centuplé. C'est comme une dévotion : je n'attends rien en retour. Je laisse chacun se placer à la distance qui lui est propre sans plus me vexer de l'ingratitude que je pouvais ressentir.

Crois en toi et tu verras des miracles s'accomplir.

Il fait un signe de la main à Tom pour lui indiquer que l'enregistrement est terminé. Il enlève son casque. Je l'imite. Se lève et coupe les micros.

125

- J'ai adoré t'interviewer.
- Merci. Je suis heureuse de cette nouvelle expérience. Sais-tu quand ce sera diffusé ?
- C'est prévu pour le 16 septembre. Veux-tu entendre le podcast avant diffusion ?
- Non, je n'aime pas me réécouter. Je te fais confiance. Au fait, qui t'a contacté pour cette interview ? C'était le deal...
- Cette personne va t'appeler dans l'après-midi...

Je suis tellement hors sol par cette interview que je n'ai pas l'énergie d'insister. Voilà tout ce que j'arrive à répondre :

- Tu es fort à ce jeu-là.

Je quitte le studio sans trop savoir ce qu'il vient de se passer. Le temps a été comme suspendu. Je suis déphasée. J'ai l'impression que ce n'est pas moi qui ai parlé pendant l'enregistrement. Cela me fait le même effet en rendez-vous avec les patients. Parfois je me dis : « Mais d'où ça sort ce que je viens de dire ». Comme si j'entendais une autre personne parler à travers moi mais avec ma voix. J'y suis aussi habituée par l'écriture quand mes doigts sont guidés sur le clavier. Il en va de même quand je canalise en

communication animale ou avec les défunts.
Mais là… c'était d'une telle intensité.
Je monte dans ma voiture, branche le GPS et
me laisse guider jusqu'à la maison en pilotage
automatique. Waouh !!

Chemin 8
Regarder pousser les rosiers

Arrivée à la maison, je m'allonge un instant, afin de reprendre mes esprits et je finis par m'endormir.

La sonnerie du portable me réveille.

- Allo… dis-je avec un timbre de voix qui oscille entre « j'ai fait la nouba toute la nuit » et « je mue » !!!

- Eh coucou la star ! On s'la joue la belle au bois dormant ?

- La star ? (Je racle ma gorge) Pourquoi la star ? (Je reracle ma gorge plusieurs fois de suite) Quoi ? (Un quoi qui monte un peu trop dans les aigus) Ah non ! (Je force ma voix par un bémol… Bon là on dirait un homme !) Ne me dis pas que David Marlow c'est toi ?

- Ah non je ne suis pas David Marlow ! Sinon tu fais quoi avec ta voix ? Tu me fais des inflexions pour tenter de me séduire ? Ça maaaaarche pas vraiment… mais bon, c'est bien essayé !! Ah non ! Je sais ! Tu as hurlé ce matin pendant le podcast ? Ça ne m'étonnerait pas de toi ! répond-il dans un éclat de rire

- Oooooooh arrête ! dis-je en baillant (et non pas « dit Jean Baillant ». Je rigole toute seule alors que j'écris !! Oui, je sais, je suis bon public !). Je sais très bien que tu n'es pas David Marlow. Et non, je ne tente pas de te séduire par des inflexions de voix... J'ai dû trop parler ce matin...

-   Alors oui, je prends l'entière responsabilité de ma démarche pour le podcast. Tu m'en veux ?

-   Non au contraire. C'est adorable de ta part. Comment as-tu su que j'ai accepté et fait l'interview ?

-   David Marlow m'a tenu au courant. Je l'ai eu tout à l'heure et il m'a dit que pour une première, il t'a senti très à l'aise. Tu me racontes ?

-   Hein ?... Quoi ?... Maintenant ? Euuuuh ! Ché pas... Quelle heure est-il ? Je suis un peu déboussolée et je viens de me réveiller. Je peux te rappeler plus tard ?

-   Oui tu m'appelles quand tu veux. Tu sais que c'est toujours un plaisir de parler avec toi. Ou tu viens dîner à la maison.

-   Oui avec plaisir.

-   On ne dit rien à Corinne, ok ? Ce sera une surprise.

-   Oui Mr Cachottier... c'est ton truc ça. T'as d'la chance que Corinne et moi soyons de bonne constitution pour apprécier les surprises.

-   Si vous ne les aimiez pas, Corinne et moi ne serions pas mariés depuis 35 ans et tu

131

ne serais pas une amie de presque autant !

- Mouais... on va dire ça... Je me réveille, dis-je en baillant à nouveau. Je n'ai pas le courage de te répondre. Mais tu ne perds rien pour attendre... Quelle heure chez toi ?
- Tu viens quand tu veux. J'y suis.
- Je ramène un truc ?
- Non, toi et ton joli minois suffisent.
- Mais tu vas arrêter de me draguer ?
- Arrêter ? Ça te manquerait trop ! Je fais cela dans un but purement altruiste !

Nous éclatons de rire.

- Je vais tout raconter à ta femme !
- Tu peux. Je nierai en bloc !
- Je t'embrasse. A tout à l'heure.
- La bise. A toute.

Je m'extirpe de mon lit.
J'ai des messages. Ça attendra... D'abord une bonne douche pour me réveiller de ce sommeil d'après-midi bien alourdissant. Pour me donner du cœur à l'ouvrage, je sélectionne ma playlist.

Tout en me préparant, je pense à Corinne et Christian avec beaucoup de tendresse et d'amitié.

C'est le couple d'amis le plus ancien, dans tous les sens du terme, de mon entourage. J'ai connu Corinne en stage de fin d'études. Elle était ma « maître de stage ». Juste cinq ans nous séparent. Nous avons tout de suite sympathisé. J'ai été embauchée dans son service à l'issue du stage. Ce fut mon premier job. Nous avons collaboré quelques mois ensemble puis la vie a pris pour elle comme pour moi des tours et des détours. Nous sommes toujours restées en lien. J'étais là quand Corinne et Christian se sont rencontrés. A leur mariage aussi. Ils font partis de ces couples que beaucoup envie tant ils sont heureux. Je ne les jalouse pas, ils me montrent qu'une telle relation, ça existe. Dans l'ensemble, ils ont une vie heureuse. En effet, les phases de bonheur ont parfois été percutées par des situations difficiles. Il y a eu des périodes de pause, de répit où tout allait bien et puis des moments comme ça où la foudre est venue les frapper.

Ils se sont adaptés à ces mouvements, à ces changements. Ils ont une faculté de rebond et d'adaptation incroyable et heureusement. Malgré les bâtons dans les roues, ils ont continué à avancer un peu à droite, un peu à gauche, parfois tout droit. Ils ont fait face à deux.

133

Le plus difficile pour Christian a été d'exprimer ce qu'il se passait à l'intérieur de lui. A exprimer ses émotions. Alors, il a « consulté » et a appris à se libérer de certains fardeaux, à voir aussi les choses sous un nouvel angle. La libération par la communication des émotions additionnée aux évènements douloureux ont fait que Christian, qui donnait beaucoup d'importance au matériel, à l'argent, au travail, aux choses concrètes, a adopté un autre point de vue, un autre regard sur la vie et y à intégrer une dimension plus spirituelle, plus émotionnelle.

Quant à Corinne, à partir du moment où elle s'est mariée, elle est devenue très très mais alors très très investie au service des autres. Elle flirtait avec la servilité. Elle donnait beaucoup, se faisait du souci pour les autres. Elle voulait tout faire, tout gérer et ne prenait que trop peu de temps pour elle. Elle absorbait les émotions de son entourage. Elle qui adorait aller dans la nature, cueillir des plantes, les faire sécher ne le faisait plus. Elle qui s'était lancée dans la peinture avait laissé tomber. Elle que j'avais connu si créative, aimante, chaleureuse, ouverte, confiante, aimant s'amuser... elle l'était toujours mais ses qualités étaient dispersées car elle en faisait trop pour les autres. Elle n'avait plus le temps de rien à courir dans tous les sens.

Corinne a réappris à être plus disponible pour elle et moins réactive pour les autres et ça lui a fait le plus grand bien.

Un des évènements marquants est lorsque leur maison est partie en fumée. Ils se sont sentis démunis, déstabilisés. Ils ont alors trouvé en eux la force qu'ils recherchaient à l'extérieur par l'accumulation de tout ce qui est matériel.

Ils ont fait, ensemble, l'apprentissage de la résilience et en sont ressortis plus forts individuellement et au sein de leur couple.

Il y a eu comme un rééquilibrage : se réaliser autrement que par le domaine matériel.

Quand je parle de matérialité, ce n'est pas que l'argent ou le boulot ou une maison. C'est aussi la santé, le corps (la façon dont vous vous traitez). Cela peut être aussi de placer son énergie et sa confiance à l'extérieur de soi si vous ne croyez pas en vous ou si vous ne prêtez pas attention à ce que vous ressentez, etc.

Si vous vous reconnaissez dans ces mots, tournez-vous à l'intérieur et demandez-vous : « Est-ce que c'est ça que je veux ? « Est-ce que je veux aller dans cette direction ? »

135

Et suivez l'élan de votre cœur. Occupez-vous davantage de ce qui fait vraiment plaisir à votre âme et à votre cœur.

Décidez de dire un grand oui à la vie.

Décidez d'ouvrir vos bras à un avenir plus radieux.

Décidez de développer plus de présence à soi, plus de présence à vos ressentis et plus de présence à vos talents.

Décidez d'explorer de nouvelles voies, de nouvelles façons de faire et l'ailleurs.

Décidez de voir plus loin, plus grand et plus beau.

Décidez et autorisez-vous à dépasser les limitations que vous avez eu par le passé.

Je me mets en route. En chemin, je m'arrête dans un petit magasin qui ne paie pas de mine mais chez qui je trouve des thés d'une saveur exquise. J'en prends un pour Corinne et un pour moi.

Me voilà arrivée. Ding-dong... Christian vient ouvrir la porte. Pendant que nous nous faisons un gros câlin pour nous dire bonjour, j'entends au loin la voix de Corinne demander :

- C'est quiiiiiiii ?

- Corinne est au jardin, elle dorlote SES rosiers. Viens, entre.

Il referme la porte tout en hurlant à Corinne :

- C'est mon autre femme !
- Rooooooooh ! Tu veux bien arrêter avec ça, lui dis-je en lui donnant une tape amicale sur le bras.

J'entends un cri de joie et des pas pressés venir vers moi. Je n'ai pas le temps de déposer mon sac que Corinne est dans mes bras et moi dans les siens. Elle sent le parfum des roses. Et de l'amitié.

- Ooooooooh que c'est bon que tu sois là. Quelle belle surprise ! Mais, Christian, pourquoi tu ne m'as pas prévenue ? Je suis pleine de terre et je n'ai rien cuisiné.
- D'un, je ne t'ai pas prévenue pour que, comme tu le dis, ce soit une belle surprise. De deux, pleine de terre ? Où ?
- Sur mon pantalon ! répond-elle en brossant de la terre imaginaire sur son vêtement.

Christian reprend :

- Et de trois, ce soir c'est moi qui cuisine !
- Alors j'ai bien fait de manger avant de venir !!!

Christian me snobe du regard avec un rictus en coin.

- Tiens ! Je t'ai apporté le thé que tu as goûté la dernière fois à la maison.
- Oh super ! Merci !

Corinne ouvre le sachet et hume son parfum. Elle ferme les yeux :

- Oooooh cette odeur...

Elle passe son bras sous le mien et m'entraine vers le jardin. Christian nous suit.

- Alors, je veux tout savoir de ton expérience de ce matin. Christian, chéri, tu veux bien t'occuper de l'apéro ?
- Oui qu'est-ce que vous voulez ? Mais vous m'attendez avant de parler du podcast. Ok ?
- Ok, lui répond-on en même temps
- Que voulez-vous boire ? Alors, toi, Valérie, toujours pas d'alcool ?
- Non toujours pas. Tu me prépares un cocktail dont tu as le secret ?
- Et toi ma douce ?
- Ta douce prendra un cocktail aussi. Sans alcool !

  Et toi, viens avec moi, en attendant que Christian prépare l'apéro, je veux te montrer mes rosiers.

Ah ça pour être SES rosiers, ce sont SES rosiers. Son chéri d'amour a eu le malheur d'y toucher un jour, nous en attendons encore parler aujourd'hui ! J'avoue qu'ils sont splendides.

Le début de soirée s'écoule dans une ambiance chaleureuse. Je leur raconte mon expérience matinale. Et parlons de choses et d'autres. Nous rions beaucoup. Ce que nous vivons là s'appelle le bonheur.

A la fin du dîner, Christian se retire pour nous laisser seules Corinne et moi. Il sait que nous avons besoin de nous retrouver l'une et l'autre.
La soirée est douce. Assises sur une balancelle, nous restons silencieuses pendant quelques minutes savourant l'instant présent. Puis, d'une voix très calme et presque chuchotant, Corinne me dit tout en me prenant la main :
- Je suis très heureuse pour toi et l'expérience du podcast. J'ai trop hâte de l'écouter. Maintenant que nous sommes à huit-clos, bas les masques... Comment vas-tu pour de vrai ?
- Je vais bien. Je suis en train de récolter ce que j'ai initié depuis tant d'années.
- Mais encore...
- Je ressens plus de fluidité à l'intérieur de moi. Je comprends un peu mieux

139

comment je fonctionne. Je comprends un peu mieux comment certaines choses fonctionnent pour moi. Ça me donne l'impression d'être sur l'autoroute de la vie. Tant au niveau matériel, spirituel et psychique. Il y a beaucoup d'abondance. J'ai gagné en finesse, en compréhension et en intelligence dans ma façon de mettre les choses en place. Je suis moins exigeante envers ce que je fais, envers moi-même et envers mes attentes. Et je m'aperçois que ça se passe plutôt bien ainsi. Je me prends moins au sérieux. Et bizarrement, cela me permet de prendre plus de « risques » car je me rends compte que cela me sort de mes habitudes et de mes craintes habituelles.

- C'est génial. Quel chemin parcouru depuis que je te connais. De la jeune étudiante te voilà femme accomplie. Tu as eu ton lot toi aussi de périodes difficiles où tu as dû laisser tant de choses et tant de personnes derrière toi. Et tu as créé une vie émotionnelle, relationnelle et professionnelle plus équilibrée avec force, courage et ténacité. Cet équilibre, c'est ton abondance. Tu as tant œuvré pour ça. Cela ne t'est pas tombé tout cru dans le bec, c'est une chose pour laquelle tu as bossé. Tu as trimé. Ça a été exigeant pour toi. Ça t'a demandé beaucoup beaucoup d'efforts. Tu as une sacrée endurance.

- Merci pour tout ce que tu dis. Je suis touchée...

Je prends une grande respiration car l'instant est très émouvant. J'ai toujours ma main dans la sienne. Je reprends :

- C'est vrai que je ne crains plus de quitter un environnement pour partir à la rencontre de moi-même, pour créer et m'installer dans un nouvel endroit où je suis plus heureuse. Tant que mon cœur me guide, je sais que je suis sur le bon chemin...

Mais assez parlé de moi. Toi ? Comment vas-tu ? Pour de vrai.

- Je prends ma retraite !

J'écarquille les yeux. Je me redresse et la regarde. La balancelle se met à bouger et nous manquons de perdre l'équilibre.

- Quoi ? Mais tu ne m'as jamais parlé de ça ! Quand t'es-tu décidée ? Et c'est pour quand ?

- Je me suis décidée il y a quelques jours. J'en ai parlé à Christian pour la forme mais ma décision était déjà prise. J'ai envie de plus de rosiers. « Mon amie la

141

rose me l'a dit ce matin », fredonne-t-elle.

Tu sais que l'incendie de la maison, nous a permis à Christian et à moi d'avoir des prises de conscience, de redéfinir nos priorités, nos valeurs... Eh bien ces derniers mois, j'avais à nouveau la tête à l'envers. Ooooh pas de manière aussi puissante que pour l'incendie... mais quand même, une situation pas des plus confortables. Je me faisais l'effet du Pendu dans le tarot : regarder ma vie sous d'autres angles. Ce que je vis depuis quelques jours, c'est le Pendu à l'envers. Je me suis (re)dressée. En plus, le Pendu quand il est à l'envers, il donne l'impression de danser et d'avoir des racines à un pied... J'ai aussi l'image du bébé qui se retourne dans le ventre de sa maman pour se préparer à sa naissance...

Corinne marque une pause de quelques secondes.

- Je ne t'ai rien dit car j'avais besoin de faire ce chemin seule. Je n'ai même pas contacté ma thérapeute. Tu comprends ? Ce n'est pas contre toi, c'est pour moi.

Je fais oui de la tête. Je ne veux pas l'interrompre. Ces doigts se resserrent sur les miens comme pour me dire : « J'ai besoin que tu sois avec moi. J'ai besoin de ton soutien. J'ai besoin de ta compréhension même si tu ne me comprends pas. Surtout si tu ne me comprends pas ». Je resserre mes doigts sur les siens pour lui signaler que je suis là. Je la regarde parler. Et surtout, je la vois.

- Christian se doutait bien de quelque chose. Il n'a pas posé de questions. Je l'ai trouvé plutôt observateur et d'une patience d'ange. Car en peu de temps, j'ai traversé toute la panoplie des émotions. Il est resté là sans rien dire, sans réagir, sans émettre un quelconque commentaire. Et ça m'agaçait encore plus. Moins il réagissait, plus je m'énervais. Quel homme sensible et intelligent. Il m'a laissée me débattre avec mes ombres. Quelle confiance en moi, en lui, en nous ! Comme un spectateur amoureux et patient qui regarde la chenille devenir papillon.

Bref... Après une période de réflexion qui m'a permis d'y voir beaucoup plus clair (tout ne l'est pas encore, je me laisse du temps), la première décision, le premier déblocage qui émane de cette situation est de prendre ma retraite. Et je vais la prendre à bras le corps.

Depuis que mon choix est fait, posé et acté, je me sens libérée. J'ai rencontré la RH et tout est lancé.

J'ai senti que c'était l'heure. Cela m'a demandé du courage car c'est un tournant de ma vie et en même temps cela n'a pas été un effort. C'était spontané et non forcé. Il y a un an cela n'aurait pas été naturel du tout. Alors même si cette décision de prendre ma retraite me demande du lâcher prise et d'accepter de passer par certaines émotions, tout est fluide car c'est l'heure. Ce n'est pas le premier changement radical dans ma vie. J'ai laissé tant de choses de côté. Toutes ces choses qui ne m'enthousiasmaient plus. Et je continue de le faire. Plus je le fais, plus je vais de l'avant, plus tout devient clair et pur. Je reconnais l'illusion autour de moi que ce soit dans les relations ou les situations. Je sais ce qui est juste de ce qui ne l'est pas pour moi.

Parfois, je repense à l'incendie et je me dis que c'est lui qui m'a reconnectée à ma flamme intérieure. Si ça c'est pas de l'ironie !!! La vie est surprenante à bien des égards. !!!

La sagesse vient des profondeurs de l'expérience qui elle-même m'apporte la clé de mon destin. Et ainsi ouvrir une nouvelle ligne du temps, m'ouvrir à d'autres possibles. Une désintégration des schémas et des jeux de l'ego c'est-à-dire une désintégration des peurs, des doutes, des croyances que mon ego pourrait générer et qui ne sont qu'illusions à mon sujet, sur la vie et vis-à-vis des autres. Les stratagèmes de mon égo pour me faire croire certaines choses, pour me garder dans certains cycles qui ne me satisfont plus sont en train de se dissoudre. Je regarde en face ce qui est sous la surface : la base de ces peurs, la base de ces doutes, la base de ces croyances. Qu'est-ce qui m'enferme dans ce cycle ?

J'ai le courage nécessaire de traverser les énergies et les émotions qui résultent de cette libération (le courage car quand on se libère de son ego, c'est-à-dire des peurs, des doutes, etc, on libère aussi des choses auxquelles nous sommes accrochées, attachées. Cela fait un grand nettoyage et un grand balayage). Je lâche tout ça avec une certitude bien ancrée en ce que je veux.

Je fais le choix d'une vie avec des plaisirs, des valeurs, de la lumière, des surprises et de la spontanéité. Cela donne le terrain fertile pour créer des projets durables et des situations qui me satisfont sur le long terme. C'est un départ conscient et en douceur parce que c'est l'heure. J'ai le sentiment que mon âme a appris ce qu'elle avait à apprendre. Elle a compris ce qu'elle avait à comprendre et maintenant elle peut faire ce virage. Mon âme est prête pour ça. Ce qui facilite grandement les choses, crois-moi, face aux stratagèmes de l'ego. C'est un nouveau cap pour moi. C'est l'inconnu et je me sens en sécurité. Cette perspective me satisfait vraiment pleinement. Elle répond à mes désirs du cœur.

C'est comme une grosse libération karmique vers un chemin de vie plus authentique.

Je veux redevenir cette femme libre, joyeuse, enthousiaste, créative, intuitive... Je me suis assez battue. Maintenant c'est bon, je me repose, je pense à moi, je pense à mon bien-être. Je me reconnecte à mes désirs, à mes rêves. Je suis mon intuition et mes émotions. Et tu sais ce qu'elles me disent ? Qu'il est temps pour moi de regarder pousser mes rosiers ...

Je rentre chez moi sereine. Corinne et Christian m'ont invitée à passer la nuit chez eux. Et malgré l'heure tardive, je préfère retrouver mon cocon. La journée a été riche en émotions.

Chemin 9
Peux mieux faire

Que le verre soit à moitié vide ou à moitié plein, il est à moitié. Ça ne peut changer. A moins de le remplir ou de le vider. J'ai le choix. Soit, je me dis : « Ah mon verre est à moitié plein ! Oh c'est merveilleux ! » soit « Ooooooh regardez... mon pauvre verre est à moitié vide ». Mais c'est le même verre !!! Le constat du verre à moitié : « Ok ma situation n'est peut-être pas des meilleures. J'ai eu par le passé des restrictions, des limitations, des inquiétudes, des pressions, des relations qui ne se sont pas bien passées, des affaires qui n'ont pas bien prospéré, un chemin de vie qui n'a pas été idéal... »

Si je le remplis ou si je le vide : « Ce que j'ai envie de faire, c'est de croire en mon abondance, de croire que oui je peux moi aussi faire partie des personnes pour qui ça va bien, des personnes pour qui la vie est généreuse. »

Quelle est la différence entre les personnes pour qui la vie est généreuse et celles pour qui la vie de l'est pas ? Vous savez quoi ? Cette question-là, je ne me la pose même pas. Pourquoi ? Parce que je ne vais pas tenter de trouver des circonstances favorisantes pour elles et des circonstances atténuantes pour moi ! Non je ne vais pas regarder tout ça. Je vais me dire : « J'ouvre les bras. Je dis oui à la vie et je m'apprête à accueillir ce qu'elle a à m'offrir de meilleur. J'accepte d'entrer de plein pied dans un jardin d'abondance, dans une conscience d'abondance. » C'est le choix que je fais chaque matin en me réveillant.

Nous avons tous été conditionnés aux manques. Nous avons tous été conditionnés à la misère. Nous avons tous été conditionnés à recevoir peu. A fournir beaucoup et à recevoir peu. Et cela commence par l'école : quand vous passez des heures et des heures sur un devoir et que le prof vous le jette négligemment à la figure avec un 11 en vous disant : « Ouais ouais » sans parfois même vous regarder, c'est dur. On vous donne peu pour tout ce que vous avez donné. On ne reconnaît même pas les heures que vous avez passé à faire votre brouillon, à apprendre votre poésie, à écrire, à faire les calculs… tout ce que ça vous a pris. Non. On vous donne une note en vous disant : « Ouais… bof… moyen… ». Et là boum ça reste comme ça. Et c'est un conditionnement que nous avons depuis notre enfance. Et je ne parle même pas de tous les autres.

J'ai explosé les limitations de mon mental. J'ai explosé les limitations de mes conditionnements.

Je suis allée chercher dans mes profondeurs
pour renaître.

Chemin 10
Le stop divin !

Il nous est tous arrivé de vouloir de toutes nos forces que quelque chose se passe dans notre vie. Nous avons eu beau faire, beau dire, beau pleurer, beau taper des pieds, s'énerver ou que sais-je, nous n'avons pas obtenu ce que nous voulions ou cela ne s'est pas passé tout à fait comme nous l'avions espéré. Le refus simple, clair et net de l'Univers !

- Et pourquoi, je vous prie cher Univers ?!
- Car il y a tellement plus d'options, tellement plus de possibilités. Ne va pas trop vite, prends ton temps car même si une chose paraît super bien, vérifie quand même si ce n'est pas trop beau pour être vrai. Fais preuve de discernement et va jusqu'aux détails. Que te dis ton intuition ? Ton intuition, hein, pas tes émotions ! C'est important de prendre le temps.

J'ai vécu ainsi une grande partie de ma vie avec ce côté impulsif, à prendre des décisions comme ça sur un coup de tête qui ne m'ont pas forcément apporté que du bon.

Prendre le temps avant de décider quelque chose, avant de décider une direction.

Quand une situation ne se passe pas comme je veux, c'est, soit une protection, soit que quelque chose de mieux m'attend. Je vois les choses vraiment de manière différente quand je me dis cela à chaque fois que quelque chose ne fonctionne pas pour moi.

Cela m'encourage aussi à réessayer et à prendre conscience qu'on assure mes arrières. Je fais confiance à ce en quoi j'ai foi. Je sais que le chemin que j'ai emprunté n'est pas le meilleur pour moi, quand j'ai des stops ou des blocages. J'oublie des choses ou arrivent des imprévus ou la vérité se dévoile et pas forcément de manière très douce afin de bien comprendre même si ça fait mal sur l'instant.

Donc je reste confiante et je trouve la direction parfaite pour moi. Je me rends une grande faveur en prenant le temps de me reconnecter à moi-même afin de savoir si c'est vraiment cette chose que je veux.

En attendant, je m'autorise à rêver, à imaginer ce que j'aimerais pour moi et sans barrière, sans filtre. Qu'est-ce que je veux pour de vrai ?

155

Chemin 11
Au secours ! Je vais bien !

C'est un matin comme les autres. Je me réveille tôt, mon humeur est au beau fixe. Le soleil brille. Je vaque à mes occupations et soudain, tristesse… je me recentre.

Que se passe-t-il ? Je passe les derniers jours en revue pour vérifier si une situation a provoqué une tristesse que j'ai niée ou que je n'ai pas vue. Je ne comprends pas. Puis, le responsable avoue :

- Je m'ennuie, me dit mon mental
- Quoi ! Comment ça, tu t'ennuies ?
- Ben oui ! Tout va bien dans ta vie. J'ai besoin de trouver une raison de te faire carburer. Et j'y suis arrivé ! Mais la vache…

Je l'interromps :

- S'il te plaît, sois poli ! Je me suis promis de n'avoir que de jolies pensées sur ma personne. Vas-tu aussi me titiller là-dessus ?
- Tu as raison. Je te demande pardon… ce que je voulais te dire, c'est que tu trouves les réponses de plus en plus vite… Regarde, même sur « la vache » !! Clac, clac, clac, tu me remets à ma place en deux temps, trois mouvements…
- Est-ce une raison pour activer « tristesse » ?
- Oui ainsi tu me prêtes de l'attention.

158

- Nul besoin d'activer quoi que ce soit. Je sais que tu existes puisque je suis. Toi et moi, c'est la même chose.
- T'es trop forte !
- Je ne sais si je suis trop forte comme tu dis… quoi qu'il en soit, sais-tu que tu peux prendre des vacances aussi de temps en temps ?
- Mouais… non… je sais pas… je me sens de plus en plus inutile.
- Inutile ? Pas du tout. Calmé, oui… et remis à ta juste place, aussi.
- Ouais mais mon truc c'est de tourner en boucle de manière inlassable une situation que tu connais déjà ou de te faire faire des films de choses qui n'existent même pas !!! Ainsi j'active les peurs, les doutes, les regrets, les remords, la culpabilité, la honte, la tristesse… enfin tu vois ce que je veux dire.
- Oooooh oui je vois très bien. Et que trop. Ce n'est pas parce que j'ai placé mon cœur sur le devant de la scène que ton utilité est moindre. Elle est différente. J'ai remis de l'ordre dans ma vie et c'est vrai que tu n'as plus le premier rôle. Je t'aime Mental. Je t'aime parce qu'à bien des reprises, tu m'as protégée voire sur-

159

protégée et tu m'as évitée bien des boires et des déboires. Aujourd'hui, c'est différent. Quand j'ai besoin de toi, je t'appelle. Et J'ai besoin de toi pour des tas de choses mais pas pour me mettre le cerveau ou le cœur à l'envers et la rate au court bouillon. Et tu le sais. Je t'ai remis à ta juste place : à mon service. De quoi as-tu peur ? D'une meilleure répartition des rôles ? Tout va bien. Je te le promets. Réjouis-toi avec moi de ce bonheur retrouvé. Tu fais partie de mon illusion et je te sais encore présent. Alors profite de chaque instant.

Chemin 12
Ma Merveille d'Amour

Quand je me réveille, ma première pensée est : « Yes ! Aujourd'hui, je passe la journée avec mon petit-fils ». Ma Merveille d'Amour, comme j'aime à l'appeler.

Je vais le chercher chez ma fille puis direction le labyrinthe géant de maïs. Puis déjeuner à la maison. Et matage de film sur l'ordi... avec gavage de cochonneries ! Avant le retour chez ma fille.

J'aime ce temps passé avec ma Merveille d'Amour. J'ai lu un jour et je ne me souviens plus de l'auteur : « Qui conserve son âme d'enfant, conserve son âme entière ». Mon âme est entière à tes côtés. Je ne sais si un jour tu liras ces mots : « Je t'aime ma Merveille d'Amour ».

Passé du temps avec toi me ramène toujours à l'enfant que j'étais. A l'enfant que je redeviens quand nous jouons aux petits chevaux ou quand nous nous lançons la balle ou que nous faisons des bêtises. Parfois la seule adulte dans la pièce c'est ta maman ☺

Tu m'aides aussi à évoluer. Je vois en toi certains schémas qui demandent encore de l'attention, de la lumière pour être guéris. Je mets tout mon cœur à panser les souffrances du transgénérationnel. J'œuvre pour mes enfants et pour toi maintenant. Je sais que je ne peux tout guérir car tout ne vient pas de moi. Je fais ma part. Et c'est déjà bien.

En me guérissant, je guéris mes ascendants et mes descendants.

Mes deux Enfants et toi, ma Merveille d'Amour, vous êtes une motivation sacrée.

Quand j'ai libéré la créativité de mon enfant intérieur, j'ai ouvert la porte de la guérison et de l'amour de soi.

J'ai arrêté de rejouer en boucle ce qui a blessé mon enfant intérieur et l'empêcher d'agir et d'être qui elle est vraiment.

Depuis, mon enfant intérieur sait ce qu'elle vaut et veut. Ce n'est pas une enfant qui se laisse manipuler, commander ou abuser. Même si parfois certaines personnes confondent encore ma gentillesse avec de la bêtise. Je les laisse dans leur certitude.

Mon enfant intérieur s'exprime de manière libre en toute sécurité car l'adulte en moi, cette part de moi consciente et responsable, la protège dans la douceur, dans un environnement rassurant et réconfortant.

Cette confiance qui grandit en elle, grandit aussi en l'Univers, en mes guides, en les anges et en d'autres personnes qui vont probablement entrer dans ma vie et qui seront des miroirs de qui je suis.

Chemin 13
La prison mentale…

… ou quand quelque chose change, quand ça bouge dans ma vie que je ne peux contrôler. Ca me fait le même effet que lorsque je dépose un dossier bien compliqué à un organisme. Le dossier sur lequel je suis restée des heuuuuuuuuures à rechercher des papiers, à photocopier, scanner, mettre en forme… Je dépose le dossier et là, je sais que maintenant, la décision appartient à quelqu'un d'autre.

M'angoisser ou cauchemarder en attendant le « verdict » ne m'avance à rien. Les peurs sont juste dans mon esprit. Elles ne sont pas réelles. Cependant, ce que je ressens à cause des peurs est réel.

Dans ces moments-là, j'agis là où je peux agir : ma capacité à lâcher-prise en attendant que le dénouement se produise.

Comme ce que je ressens ne me convient pas, je me focalise sur d'autres aspects de ma vie. Je me change les idées. Je me mets aussi à l'écoute de mon intuition. Je prends du repos, je profite de la vie, je danse pour être dans mon corps ; cela me recentre et me sort de mon mental qui peut partir dans tous les sens et s'inquiéter pour pas grand-chose.

Cela ne reste pas facile pour moi d'attendre patiemment et de rediriger mon mental dans une autre direction. Quoi qu'il en soit, c'est ce que je fais en occupant mon esprit à autre chose. Et souvent, la réponse arrive quand je ne m'y attends plus et de manière impromptue. En fait, c'est le lâcher prise que je m'octroie et aussi que j'accorde à cette « problématique » ainsi que le fait de m'occuper à autre chose qui permet à cette surprise d'arriver plus vite et de manière inattendue.

Quelque part, face à cette situation, la partie la plus difficile est terminée. C'est déjà derrière moi tout ça (depuis le jour où j'ai déposé le dossier). Ce n'est plus qu'une question de temps.

M'occuper à autre chose et me distraire me permet de patienter de manière plus agréable parce que si je me mets en posture d'attente, je vais ne penser qu'à ça en sachant tout ce que cela engendre. Et je ne profiterais pas de l'instant présent puisque mon esprit sera préoccupé. Alors entre attendre tout en me détendant et en faisant des choses qui me font plaisir et attendre en me terrorisant et en me rejouant la scène dans ma tête encore et encore, mon choix est fait.

Je ne suis pas dupe, c'est un véritable effort de lâcher prise parce que la tentation du mental qui part dans tous les sens est trop irrésistible. Je peux me laisser avoir avec une

167

telle facilité et c'est même addictif car quand on est sous pression, le cortisol, dite hormone du stress est libérée dans le corps. C'est une hormone stéroïde. Et quand il est question d'addiction, il est aussi question de récompense dans le cerveau... Dès qu'on comprend le mécanisme, on devient vigilant et on arrive à vraiment mieux cibler ses actions.

Parfois, je retombe dans le schéma des pensées sombres et c'est naturel. Dès que je m'en aperçois, je fais ce qui est nécessaire pour revenir dans mon corps afin de penser à autre chose en attendant le dénouement.

Je me le dis et me le répète : « Ce n'est qu'une question de temps alors laisse les énergies sombres du mental de côté afin d'éviter de partir dans tous les sens et, peut-être, tout faire capoter. »

La vie est une aventure. J'ouvre mon cœur à cette expérience. Je sors de ma prison mentale en allant dans le monde. Il y a tant de choses que je peux faire. Tout est question de vibration. Il n'est question que de cela d'ailleurs. La pensée est créatrice.

Chemin 14
Au-delà du miroir

Pendant des années, à chaque fois que je regardais mon reflet dans le miroir, c'était bouuuuuuuuuuuuh !

Tout y passait : du sourcil à épiler aux kilos en trop ! La critique faisait partie intégrante de ma vie. C'était une sorte de combat avec moi-même et contre les autres parce que j'avais peur de ce qu'on pouvait me dire ou penser de moi.

Il m'en a fallu du temps pour comprendre que cette haine que je m'envoyais de manière quotidienne, voire plusieurs fois par jour, était à l'intérieur de moi. Je n'ai jamais parlé de la sorte aux personnes que j'aime. Alors pourquoi est-ce que je m'infligeais une telle torture ? Car c'est une réelle torture ! Je relativisais en me disant qu'il y avait pire comme situation. Bien sûr qu'il y a pire. Mais en attendant, ce constat dans le miroir avec toutes les émotions, les sentiments que cela déclenchait, je le vivais. Et ça c'est à prendre en compte. La relativisation me permet de ne pas tomber dans l'excès et la victimisation. Même si là j'étais mon propre bourreau. La victime arrivait après quand je me mettais à pleurer sur mon triste sort !!! Que voulez-vous ma bonne dame, la vie est dure !!!

Tout ceci me fait penser à l'expérience du Professeur Emoto connu pour ses livres, ses expériences, ses photos et vidéos concernant « la mémoire de l'eau ». Il a congelé de l'eau et a photographié les cristaux formés par l'eau. Selon l'origine, la qualité et les messages reçus par l'eau, la qualité des cristaux est très différente. L'eau du robinet forme très peu de cristaux alors que l'eau de source en forme beaucoup.

Il a eu l'idée d'écrire sur les bouteilles d'eau des messages positifs ou négatifs, en plusieurs langues. Il a constaté l'influence de ces messages sur l'apparition et la qualité des cristaux. Les mots « amour » et « gratitude » ont engendré de très beaux cristaux et différents selon la langue utilisée. Il a étudié l'effet sur l'eau de prières, de la musique, des micro-ondes et autres.

Le corps humain d'un adulte est composé à 70 % d'eau…

Vous voyez où je veux en venir avec l'expérience du Professeur Emoto ?

S'il est possible d'influencer la qualité de l'eau par des messages, des intentions, de la musique, l'absence de micro-ondes, cela vaut aussi pour nos aliments, notre corps, ainsi que l'effet de nos pensées et de nos actes sur nous-même, notre entourage et notre environnement.

Une autre expérience, celle du riz, est tout aussi surprenante. Il est à noter qu'une influence négative est moins nocive que de l'indifférence.

Je vous invite à réaliser l'expérience chez vous. C'est très facile : prenez 3 petits pots en verre avec couvercle, lavés. Lors de votre prochaine cuisson de riz (blanc ou complet, mais pas brun), prélevez 2-3 cuillères à soupe de ce riz que vous versez dans chacun des pots afin de le remplir environ au quart. Vous les refermez hermétiquement. Sur le premier vous écrivez un message positif (par exemple : je t'aime, merci, un cœur...). Sur le second vous notez un message négatif (par exemple : je te hais, tu es bête, tu ne sers à rien...). Pour le 3ème pot, vous n'inscrivez rien. Placez les pots dans la même pièce avec un éclairage similaire et à distance raisonnable. Chaque jour, placez-vous devant les deux premiers pots pendant un instant et ressentez pour chacun des pots l'intention qui lui a été donnée. Pour le 3ème pot, soyez indifférent, ne le regardez même pas. Les intentions envoyées au riz doivent en effet être réelles, pures, sinon vous n'obtiendrez pas le résultat escompté.

Au bout d'un mois (voire moins), vous observerez que le riz qui reçoit des bonnes vibrations se conserve parfaitement à température ambiante, sans stérilisation. Le 2ème pot va pourrir. Le 3ème pot va moisir.

Quand je me critique devant le miroir ou m'insulte parce que ceci ou cela, le message que j'envoie à mes cellules est « pourriture » et quand je suis indifférente à un état d'être, à une douleur ou que je ne prends pas en compte mes ressentis, j'envoie à mes cellules « moisissure ».

Si je reviens à l'expérience du riz, les intentions qui donnent les meilleurs résultats sont l'amour et la gratitude. Eprouver de l'amour pour un pot de riz ou pour soi, s'apprend. Cela fait partie d'une modification de conception de la réalité, pour notre propre vie et la Vie dans son ensemble. Notre conscience s'en trouve transformée. Et si nous voulons aller plus loin, cette expérience nous démontre aussi à quel point tout est connecté : le riz, soi, les autres, les plantes, les animaux, les objets et l'invisible mais qui est là. Nos pensées, attitudes, comportements, mots sont concernées. Tout ce que nous faisons envers nous-mêmes, les autres et notre environnement entraîne des conséquences et réciproquement. Pour vivre de manière responsable, il est nécessaire de vivre en conscience et en cohérence à tous les niveaux : physique, mental, émotionnel, affectif, relationnel, social, spirituel...

Non, je ne suis pas ce reflet dans le miroir. Je suis bien plus.

J'accepte mes défauts, mes parts d'ombre mes erreurs (qui d'ailleurs n'en sont pas puisqu'elles m'ont appris des choses), mes comportements, mes croyances limitantes, mes regrets. Tout ce qui m'empêche de voir au-delà du reflet du miroir.

L'acceptation me permet de mieux gérer les conséquences de ce reflet sur ma vie actuelle et vis-à-vis des autres. C'est aussi accepter ma part de lumière. En effet, beaucoup de personnes acceptent bien volontiers leurs défauts et n'acceptent pas ou peu leurs qualités. Pourtant, nous sommes les deux : nos défauts et nos qualités.

J'ai commis des maladresses et j'ai réalisé de belles choses. L'un ou l'autre ne me définit pas. Ce n'est pas l'un sans l'autre. C'est l'un et l'autre.

Peut-être que pour certains d'entre vous, il est vraiment question de l'acceptation de l'apparence. Peut-être que certains sont très complexés et ont un problème avec le reflet du miroir qui renvoie une image non conforme à ce que la société a défini comme standard (nez trop grand, oreilles trop décollées, taille trop petite, trop frisée, etc).

Imaginez un instant aller plus loin que votre apparence. Imaginez un instant voir à quel point vous êtes belle/beau. Imaginez un instant vous regarder comme vous regarde celles et ceux qui vous aiment. Ça changerait la donne, n'est-ce pas ? Cela apporterait un équilibre et vous libérerait de vos complexes. Nous ne réalisons pas à quel point il y a de la beauté en nous et la beauté est différente pour chacun. Pour certains c'est vraiment purement une beauté physique, pour d'autres ça va être la beauté d'âme, de la perception de la vie, de la manière dont nous l'appréhendons et pour certains c'est les deux. Il est vraiment temps de réaliser notre beauté. Y aurait-il une culpabilité autour de notre beauté ? Nous sentons-nous coupables d'être belles/beaux, d'être une belle âme ? Pourquoi ? La culpabilité d'attirer les regards ? Et d'une certaine manière de dire « Oui, j'ai cette beauté en moi et peut-être plus que la moyenne ? »

C'est souvent très inconscient. J'ai porté en moi ce sentiment de culpabilité. Je me suis auto-punie et auto-cachée voire limitée ou encore oppressée pour ne pas déranger les autres.

Je m'en suis libérée en prenant conscience que je me faisais du mal ainsi qu'aux autres en niant la beauté en moi qu'elle soit physique, d'âme ou de mes talents.

J'ai compris pourquoi ce cadeau m'avait été offert. L'Univers ne donne jamais les choses au hasard. Un point important si nous refusons ce présent : il n'y a pas de prix à payer. Rien n'est obligatoire. Nous avons toujours notre libre arbitre. Nous n'avons pas l'obligation de remplir cette mission. Cependant, j'ai fait le choix d'entrer dans ce chemin. Je l'ai accepté. C'est un chemin fabuleux, magnifique, sublime. Je ne sais comment le décrire. Je rayonne. C'est comme un soleil qui sort de moi avec cette idée d'expansion.

La beauté par le simple fait d'exister. La beauté par la façon de parler, de bouger, de danser ou simplement par la façon d'aimer. Oui c'est risqué de rayonner. Oui les gens auront des réactions dures face à cette énergie solaire : « Te regarder me blesse », « Etre en ta compagnie me heurte car je vois en toi ce que j'aimerais tellement avoir ». Ma présence entraîne parfois des réactions fortes. Mais je n'ai pas d'autre choix que de l'incarner pleinement. C'est ainsi.

Je n'ai plus peur, je n'ai plus honte, je n'ai plus besoin de payer pour l'insécurité des autres. Ce fut un combat permanent que d'être à l'inverse du rayonnement de mon âme. Ce combat était le reflet d'un combat intérieur. Le combat de ma beauté que je n'ai pas osé assumer comme si elle prenait trop de place. J'ai combattu à travers mes relations qui me mettaient dans la place de l'outsider, de la solitaire. Je voulais rentrer dans les chaussures des autres pour être intégrer : « Je me mets dans tes souliers, j'essaie de me mettre à ta place ». J'en ai essayé des paires de chaussures, des ballerines aux charentaises et aussi plein de costumes et aucun ne m'allait. Et peu importe ce que je faisais, je restais l'outsider. Parfois on me faisait comprendre que j'étais l'inadaptée. Je me suis laissé manipuler car j'avais peu d'estime de moi ou trop de naïveté. J'ai laissé l'autre me dire ce que je pouvais faire, ce que je devais dire. J'ai vécu un peu à côté de moi-même. Désalignée. Travestie.

Tous ces échecs étaient à la hauteur de l'immensité de ma beauté.

Bien sûr, aujourd'hui, tout n'est pas parfait. J'ai encore quelques petits obstacles. J'ai presqu'envie d'écrire « et tant mieux » sinon je prends le risque de m'ennuyer.

Invitation :
Face au miroir : je compte jusqu'à trois, j'ouvre les yeux, je me souris et me complimente.

1, 2, 3…. J'ouvre les yeux, souri, « Salut chef-d'œuvre ».

Pour mon cerveau, c'est comme si une personne me souriait et me complimentait. Le cerveau ne fait pas la différence entre le fantasme et la réalité.

1, 2, 3… ma journée a pris une autre couleur en l'espace de quelques secondes.

Chemin 15
Les fleurs ne poussent pas sur des champs encombrés

Il est bon, recommandé, nécessaire de faire du tri, du ménage, du rangement dans notre maison, notre vie, notre cœur, notre tête, nos sentiments, nos croyances... faire de la place avant et afin d'accueillir de la nouveauté. Comme un gros ménage de printemps et quelle que soit la saison.

Il est vrai que souvent nous emmagasinons, entassons beaucoup (trop) de choses. Tout ce qui est cassé, encombrant, que nous n'utilisons plus : jeter, donner ou vendre. Peu importe mais on s'en débarrasse.

En faisant ce ménage, nous retrouvons des forces sur le plan moral, émotionnel et même physique. Notre vie se stabilise car nous nous débarrassons aussi d'une certaine forme de négativité. L'énergie de tout ce qui nous encombre peut aussi nous brider, nous empêcher d'agir, retenir un potentiel, un talent, des idées, des envies, des désirs...

En faisant ce ménage, nous retrouvons de l'optimisme, des forces vitales et de la positivité dans notre vision de l'avenir. Quelque chose se rallume en nous.

Les nouveaux départs, car dans une vie il y en a plusieurs, nous permettent de redevenir le personnage principal de notre vie.

Les nouveaux départs ne sont pas égotiques ou mentaux. Ils ne sont pas liés à notre petite personne (nous avons tous à l'intérieur de nous une toute petite personne qui veut tout commander) mais à notre conscience, cette part de nous lumineuse qui nous montre le chemin. C'est comme si nous avions maintenant conscience de ce témoin lumineux en nous.

Les nouveaux départs nous montrent que nous sommes capables de nous laisser guider par notre âme, notre intuition et notre conscience plutôt que par nos instincts, notre impulsivité, nos désirs qui ne sont pas toujours alignés avec ce qui est vraiment important pour nous.

Bien sûr que certains instincts, certaines impulsions et certains désirs sont très bons, servent et nourrissent l'âme mais il y en a d'autres qui sont destructeurs, qui peuvent nous mener à notre perte ou nous rallonger la leçon ou nous faire encore et encore et encore revenir dans une nouvelle incarnation pour apprendre la même leçon : jalousie, envie, insécurité, bas instinct, etc. Cela nous dessert et nous enlève notre feu intérieur, notre passion, notre intérêt pour la vie.

Là il s'agit de cette voix intérieure qui agit toujours pour votre plus grand bien. Elle va nous emmener vers notre plus belle destinée, vers la prospérité, vers une grande transformation intérieure, vers la réalisation de projets qui nous tiennent à cœur et vers notre pouvoir personnel. Un pouvoir personnel exercé de manière juste nous apporte beaucoup de réussite, de succès, de reconnaissance, pour le plus grand bien de tous.

Et si de temps en temps, nous avons de la difficulté à faire face à certaines situations, se dire que nous œuvrons avec excellence, qu'il est important de continuer nos efforts et de laisser cette voix intérieure nous guider. Cette voix qui nous pousse davantage vers notre authenticité, vers l'expression de notre propre parole, vers notre singularité et vers la meilleure option pour nous. Le temps passé à épurer et à trier nous rapproche de ce qui nous fait plaisir.

Tous les ras-le-bol, les renversements de tables, les prises de baluchon, les « stop, j'ai envie de changer, j'ai envie d'arrêter ça, j'ai envie d'aller vers du radicalement nouveau, j'ai envie de dire ma vérité, etc » nous permettent de nous rassembler, de cesser de répondre à la panique et de disperser notre énergie. Cela nous centre. Nous gagnons en sagesse. Nous savons que le moment est venu pour nous de changer et que cela va se produire. C'est comme si nous glissions sur la vague. Se dire : « Ok, je prends ma planche de surf et je me laisse glisser. Je me laisse guider sur et par la vague. Après cette belle glissade, je serais si bien. »

Même s'il y a de l'hésitation, ce n'est pas un problème. Nous allons revisiter les événements de notre passé en les regardant d'une toute nouvelle manière. Par exemple, sur les relations très très très challengeantes, se dire : « Ben oui, en fait, j'ai eu ces relations parce qu'elles m'ont aidé à grandir. C'est inutile d'en vouloir à ces personnes qui m'ont vraiment gâché la vie. Ce sont des leçons et même si cela a été difficile, je n'en veux plus à ma vie. Je n'en veux plus à mon destin. Je l'accepte comme des épreuves constructives qui m'ont mené jusqu'ici. J'ai besoin d'expérimenter, d'explorer de nouvelles choses, d'aller dans des endroits que je ne connais pas, lire des livres que je n'ai jamais lu, porter des vêtements que je n'ai jamais osé porter, prendre un billet de train et visiter une ville et, pourquoi pas, décider d'y passer la nuit à l'hôtel, etc »

Me challenger.

Tester mes limites.

Me secouer.

Me remuer.

Changer d'horizon.

Changer de perspective.

Me libérer de charges.

Déposer des fardeaux.

Partir à la découverte de qui je suis.

Partir à la découverte de ma vérité.

Si je ressens de la peur ? Oui, bien sûr. Et c'est naturel. Les peurs viennent du passé. De quoi mon mental a-t-il peur ? Ce que je ressens est vrai puisque que je le ressens mais la peur est-elle fondée ? Suis-je en réel danger ? Ou est-ce que mon mental me joue des tours ?

Quand je suis alignée, quand je fais les choses parce que je sais que c'est mon âme qui les appelle, vient alors, de manière naturelle, l'acceptation inconditionnelle de ce qui s'est passé. Puis d'y tourner le dos afin de ne pas m'enliser dans ce passé.

Quel que soit le passé, quelles que soient les épreuves, quel que soit le mal qu'on m'a fait, je quitte le passé aujourd'hui. Je m'installe dans l'espace de mon cœur de lumière. Ce cœur qui pardonne et comprend. J'écris mon demain et ça ne se négocie pas.

C'est ainsi que je me suis émancipée de liens toxiques. Je mets d'abord de la distance physique mais c'est surtout sur le plan énergétique qu'il est essentiel de couper le lien. Couper le lien de la toxicité de l'énergie de colère, de profonde tristesse et de beaucoup d'incompréhension. Et me détacher aussi. J'ai su que le détachement était acté quand je n'ai plus ressenti ni le manque ni cette course effrénée au besoin d'être aimée à tout prix.

Pour ce faire, j'ai d'abord compris l'importance de m'unifier à moi-même afin de vivre ma vie et commencer un nouveau chapitre fait d'abondance.

Toute séparation n'est qu'amour pour soi. J'ai compris que mon impuissance, face à certaines personnes et situations, m'a permis de retrouver ma puissance. Quand on se sent complètement impuissant on tente par tous les moyens de trouver différentes solutions en apprenant, en grandissant, en adoptant un nouvel état de conscience. J'en ai installé des petites roulettes pour garder l'équilibre ! Et j'ai appris, appris, appris. Puis il y a eu des points de rupture qui m'ont permis de m'émanciper et de reprendre mon pouvoir personnel. Je ne permets plus à quiconque de me faire croire des choses comme si ces personnes-là étaient surpuissantes.

Le processus s'est déroulé en plusieurs fois. Certaines grandes mues peuvent prendre plusieurs cycles de petites mues.

Ma peur viscérale, et qui a fait que j'ai tenu longtemps ainsi, était de me retrouver isolée, seule et de me sentir perdue. Je craignais que cela joue sur ma santé mentale. Ce fut la principale raison de la complexité de couper ces liens énergétiques toxiques. J'ai tout fait (j'étouffais), tout tenté pour être à la hauteur et à l'image de ce que l'on attendait que je sois.

C'était comme une prison énergétique qui ne me permettait pas de m'émanciper et d'aller trouver des amitiés nouvelles parce qu'il n'y avait pas l'espace à cela. J'ai créé le vide nécessaire pour laisser entrer dans ma vie d'autres personnes.

Trouver mon propre chemin a été très dur.

J'ai acquis un certain niveau de conscience et certaines personnes n'ont pas été en mesure de comprendre. Et c'est ok. Je ne peux plaire à tout le monde. Et c'est ok. Mais je sais que le plus beau des cadeaux que je puisse faire au monde est de respecter qui je suis en allant vers mon authenticité même si l'on ne me comprend pas. Faire semblant ou me fondre ad vitam aeternam aux désirs des autres n'est bon pour personne. C'est de cette manière que je peux aider et lâcher toute culpabilité. Ainsi je participe à la libération de cette toxicité.

A présent, je sais que chacun évolue en son temps. Je laisse le soin à chacun d'œuvrer pour lui, de voir quelles sont les limites, quelles sont les valeurs erronées et de se remettre en question. Et si ce n'est pas le moment, c'est leur choix, ce n'est plus mon problème. Je ne tente plus de convaincre ou de me justifier. Je vis ma vie.

Je ne jette la pierre à personne. Je me libère de l'arrogance de juger quiconque.

En coupant ces liens toxiques, ce que j'ai récolté en réalité, ce à quoi cela a laissé place, ce sont des relations avec des êtres merveilleux ayant la même vibration que moi. Elles m'apportent tant : elles me permettent de vivre ma liberté intérieure, m'amènent vers la sagesse et la prise de recul.

L'émancipation est une transformation majeure qui n'est pas forcément aisée et c'est le meilleur cadeau que je puisse me faire. Cela demande avant tout de l'amour inconditionnel envers soi.

J'étais moi aussi dans une énergie d'amour conditionné. C'est-à-dire que j'attendais à ce que l'on m'aime comme ça, comme ci, comme ci et comme ça. Et cette expérimentation d'émancipation et de détachement m'a permis l'ouverture du cœur par rapport à l'amour. Accepter l'autre tel qu'il est même si ce qu'il fait ne me plaît pas ou ne me convient pas ou ne me nourrit pas ou ne m'apporte pas ce que j'attends et d'accepter aussi les situations telles qu'elles sont.

En chemin, j'ai rencontré des personnes qui ont participé de façon importante à mon éveil de conscience. Ces personnes ont joué un rôle très important dans mon apprentissage de la vie à travers l'amour. C'est l'amour qui m'a ouvert les portes de la spiritualité. Spiritualité et amour sont liés dans ma vie. J'ai beaucoup appris au travers de ces relations. Elles ont transformé mon chemin en profondeur. Ce fut un éveil de conscience. J'ai compris beaucoup de choses sur moi, sur la vie, sur ce que je suis venue expérimenter. Et tout ceci dans le but de m'élever, d'ascensionner, de grandir. Après certaines rencontres je n'ai plus été la même personne. Ce fut surtout sur le plan amoureux que cela s'est joué. J'ai traversé la peine, la douleur, le chagrin, l'insatisfaction. Tout ce que j'ai vécu dans ma vie sentimentale avait pour but de me permettre de me tourner vers moi pour comprendre ce que je veux réaliser dans ma vie. Comme ces situations ne m'apportaient pas ce que j'attendais et que je n'arrivais pas à trouver ce que je cherchais, j'ai été poussée par l'Univers à aller trouver ma satisfaction par moi-même. Et cette satisfaction je l'ai trouvé dans mon métier.

Puisqu'au niveau des amours cela ne fonctionnait pas, j'ai cherché un autre moyen d'être heureuse et de m'accomplir. Je me suis dit : « Je ne vais pas rester là à attendre que l'amour me soit offert sur un plateau. » J'ai quand même cherché à comprendre le pourquoi de ce disfontionnement. Mon mental a surchauffé : « Pourquoi je vis ça ? Pourquoi ça se passe comme ça ? Je ne comprends pas, je ne comprends pas, je ne comprends pas... Les choses ont duré assez longtemps... bla bla bla... » J'ignorais que j'expérimentais l'échec, la trahison et surtout le rejet.

Je me suis donc concentrée sur le domaine professionnel. Et j'en ai fait du chemin. Et ce n'est pas fini 😊 Avec détermination, je suis partie explorée d'autres contrées. Je suis allée vers l'inconnu.

J'ai mis ce temps à profit pour m'aventurer sur d'autres choses. C'est comme si l'Univers me disait : « Ce n'est pas grave, on verra le domaine sentimental plus tard. Reste confiante, d'accord ? D'abord, réalise-toi. Tu as tant de choses à matérialiser dans ce monde ».

En me tournant vers moi, j'ai fait ma connaissance. Et j'ai maintenu le cap. Je n'ai pas dévié de ma route pour que le domaine sentimental évolue mais en revenant à moi et en maintenant le focus sur ma vie professionnelle, j'ai fait bouger les lignes au niveau amoureux en lien avec la blessure de rejet. Et le dépassement de cette dernière me permet d'expérimenter ce que je souhaite vivre sur le plan sentimental.

Il y a quelque chose au niveau de mon essence pure, de mon être, de grand à accomplir et l'amour est alors devenu comme un détail. Cela ne veut pas dire que ce n'est pas important pour moi dans ma vie et que je n'ai pas envie de vivre l'amour mais ce n'est rien par rapport à ce pourquoi je suis. J'ai pris du recul. J'ai défocalisé autant que j'ai pu. Car avant ma priorité était ma vie sentimentale. J'avais besoin de me confronter à moi-même. Me remettre au centre de ma vie. Reconnaître ma valeur. Ma beauté. Croire en moi. En ma puissance. Je mérite ce que je souhaite vivre.

Il y avait une dureté vis-à-vis de moi-même. J'ai rejeté la personne que je suis. Je me suis rejetée sur trop de choses. J'ai laissé parler mes complexes physiques, intellectuels, mentaux, émotionnels...

A travers cette blessure de rejet, j'ai appris à m'aimer, à être douce avec moi, à prendre soin de mon enfant intérieur.

J'étais très (trop ?) tournée vers l'amour et je laissais complètement ma vie matérielle de côté. Je ne m'épanouissais pas que ce soit au niveau du boulot, de l'argent, de ma santé.

Les relations que j'ai vécues m'ont poussée à me réaliser, à me construire sur tous les plans : matériel, financier, corporel, alimentaire, santé, maison...

Cela m'a poussé à mettre de l'ordre, à ranger et à organiser ma vie pour mieux accueillir l'amour. Comme un nouveau départ. Une seconde chance. Recommencer ma vie sentimentale sur de nouvelles bases plus solides parce que je me suis occupée de moi, de la blessure de rejet, de mon enfant intérieur, à me réaliser et prendre soin de moi. Je sais que j'ai évolué. Je le sais car si je pense aux personnes qui m'ont fait me sentir dans le chagrin, aujourd'hui je serais dans l'incapacité de retourner dans ces relations.

J'ai des projets, des désirs, des souhaits pour la suite de ma vie. Je crée, j'imagine, j'ai envie de plein de choses et je vais les vivre. Je vais les concrétiser. Ces inspirations, cette créativité sont devenues ma priorité alors qu'au départ, ma priorité était à expérimenter la vie sentimentale.

Mon défi : ne pas oublier mes projets au profit d'une personne, ne pas être dans la dévotion comme j'ai pu l'être par le passé. J'ai mis le sentimental de côté à un moment donné dans ma vie par souhait, par obligation, par impulsion de l'Univers. Je vais faire preuve de vigilance de garder mes projets, ma mission, mes inspirations, mes désirs, mes envies et mes valeurs que j'ai mis tant de temps à construire. Je ne prendrais pas le risque de me déraciner et de déconstruire tout ce que j'ai bâti.

L'un ne doit pas prendre le pas sur l'autre.

Cette blessure de rejet était inconfortable mais il a fallu aller l'explorer pour m'ouvrir à de nouvelles perspectives et me remettre sur la bonne voie.

L'amour... l'amour... l'amour de soi et l'amour pour les autres et l'amour des autres pour soi... Ma vie a beaucoup tourné autour de ça. J'ai senti qu'il y avait quelque chose à transformer en lien avec mon rapport à l'amour. En lien avec la façon de m'aimer, comment les autres m'aiment et comment j'aime les autres. C'est comme une triangulaire amoureuse. Je crois que c'est la prise de conscience la plus importante de ma vie.

Tout commence par l'amour de soi pour ensuite le déployer aux autres. C'est quand même une bonne base ! Les autres m'ont beaucoup aidée dans cette évolution... c'est le moins que je puisse dire ! J'avoue que ma vision de l'amour était un petit peu conditionné.

Chaque rencontre a mis en lumière et m'a permis de comprendre certaines choses. Qu'elle m'ait donnée de l'amour ou du manque de respect voire fait perdre confiance en moi, chacune d'entre elles a contribué au fait de m'aimer. Donc peu importe que ces personnes aient été des rencontres fortes d'amour ou des rencontres karmiques, elles m'ont aidée à ce que je puisse m'apporter le bonheur et l'épanouissement par moi-même sans que ce bonheur ne dépende de l'extérieur. Donc tout a été juste.

Je ne voyais pas venir les choses, je ne m'écoutais pas, je ne respectais pas ce que je ressentais, je n'écoutais pas mon intuition quand je sentais que quelqu'un n'était pas bon pour moi. Il y a eu des situations hasardeuses dans lesquelles je me suis lancée

193

et pourtant je savais, je sentais que ce n'était pas bien pour moi.

J'ai quand même fini par me fatiguer de ces expériences à répétition. J'ai été beaucoup affectée et touchée. A force de déceptions, et avant que mon cœur ne se ferme, j'ai pris la décision de le mettre au repos.

Avec mon grand cœur, je suis capable de donner beaucoup d'amour. La différence c'est qu'aujourd'hui, je ne m'oublie plus. J'ai conscience de ma valeur, de la préciosité de ce cœur justement. Comme s'il fallait que quelque chose en moi soit solide afin de vivre au mieux cet amour avec les autres. Je ne suis pas du genre à penser que pour aimer quelqu'un, il est nécessaire d'être complètement guérie, sans aucune blessure, qu'il faut être parfaite, s'aimer à 100 %, etc... je ne suis pas d'accord avec ça. C'est clairement plus compliqué : quand on est dans une forme de dépendance affective, ce n'est pas facile de construire une relation saine.

J'ai compris la puissance de mon cœur, la valeur de mon cœur. J'ai compris aussi que tout le monde ne méritait pas l'amour que je peux donner. Tout en douceur, j'ai remonté la pente, j'ai repris confiance en moi et j'ai pris conscience de la valeur de mon cœur. J'ai compris aussi qu'il est important de m'entourer de personnes qui savent mettre en valeur mon cœur, mon amour. De m'entourer de personnes qui ont conscience que ce que je donne, ce que j'apporte dans une relation est précieux. A présent, j'ouvre mon cœur et j'offre mon amour aux personnes qui en valent la joie et le méritent. Et je compose avec le nouveau moi. Je réapprends à faire confiance. Cela m'a demandé un petit peu de temps.

Je parviens maintenant à communiquer sur mes besoins, mes émotions, ce que je souhaite dans une relation. Je ne laisse plus les autres décider pour moi. J'écoute plus facilement mon intuition : je sais si une personne est bien pour moi ou pas. Il y a une plus grande sagesse aussi : je ne laisse plus n'importe qui entrer dans ma vie et dans mon cœur. J'éloigne de moi les personnes qui ne me ressemblent pas et qui n'ont pas les mêmes valeurs de cœur que moi. J'ai repris ma souveraineté par rapport à mon intériorité, à mon monde émotionnel, à mon cœur, à mes sentiments et je ne laisse plus les autres me malmener.

J'ai pris conscience aussi qu'à certains moments j'ai été ma propre adversaire quand je n'étais pas dans l'amour de moi-même. Je rencontrai alors des personnes qui n'étaient pas dans l'amour non plus. J'attirai des personnes qui ne pouvaient pas m'apporter cet amour parce que je n'étais pas en mesure de me l'apporter.

J'ai retrouvé ma tranquillité. Je ne ressens plus ni tumulte, ni souffrance, ni lourdeur, ni confrontation que j'ai pu avoir vis-à-vis de moi ou le manque d'amour pour moi. La relation que j'entretiens avec moi-même est apaisée.

Je mets fin aux doutes. Je mets fin à l'indécision. Maintenant, je sais ce que je veux vivre d'un point de vue relationnel.

Je me détends et je me permets d'exprimer ce que je ressens avec la douceur de mon cœur, bienveillance et amour.

J'ai tout ce dont j'ai besoin sur le plan émotionnel dans ma vie. Des gens m'aiment et je les aime. Il y a un très bel échange d'affection. Il y a de la tendresse. De la passion mais de la passion pour l'amour de ce que je vis.

J'aime ma vie. Je suis épanouie dans mon quotidien. Je me sens alignée. Ma patience, mon investissement paient. J'ai beaucoup investi sur moi. Je continue ma discipline. Je continue de m'investir. Et c'est très beau. Je prends toute ma place. Je peux être un pilier pour les personnes qui m'entourent : guide, apprentissage... Mes fondamentaux sont solides.

J'ai des projets. Il y a tant de choses à découvrir. Je ne cherche pas à être mieux, j'aspire à de nouvelles connaissances. Je veux quelque chose de plus, non pas pour être plus heureuse mais pour me nourrir de ce quelque chose. Toutes les « tentations » sont possibles. Je mets en place des actions. J'ai envie de croquer dans du neuf. J'ai envie de me nourrir de plus que ce que je vis.

C'est beau ce que je retrouve à l'intérieur de mes tripes. C'est beau d'être en accord avec son âme.

Exercice ludique et simple :

Je vous invite à écrire sur des papiers les projets que vous avez. Cela peut être aussi un projet fou auquel vous aviez renoncé parce que ce n'était pas possible. Un papier, un projet. Vous les mélangez. Et les placez face cachée sur le sol. Puis vous marchez sur chacun de ces projets. Observez comment vous vous sentez sur chacun des papiers. A quoi pensez-vous ? Cela va vous permettre de vous rendre compte à quel point il y en a un qui est tellement important.

Chemin 16
Voyage dans les nuages

Je venais de terminer ma séance de yoga quand l'envie de rester assise et de méditer me vint.

Et me voilà partie en voyage à la rencontre de mes guides. Nos étreintes sont toujours emplies d'amour. Heureux de nous retrouver. Et heureuse d'être dans mon ailleurs. Dans ce vaisseau magnifique, d'un blanc et d'une lumière d'une pureté incroyable.

Le 1er guide que j'ai rencontré fut lors de l'initiation au niveau 3 de Reiki Usui pendant la méditation « A la rencontre de ton guide Reiki ». Le but de la méditation est, comme son nom l'indique, de rencontrer son guide Reiki le plus haut selon son niveau de conscience du moment. Au fur et à mesure de l'évolution, les guides évoluent aussi. Quand certains ont fini leur mission auprès de nous, d'autres les remplacent. Pour l'instant, tous mes guides sont restés. Mon 1er guide fut Marie-Léa. Puis Marie-Léa devint Marie (blonde) et Léa (brune). Elles sont jumelles. Léa est « sortie » de Marie. Comme un dédoublement. Elles ont de très grands yeux comme les personnages de mangas. Des cheveux longs et raides. Elles ont des pieds et sont capables de marcher. Mais la plupart du temps, elles lévitent. Marie a une robe blanche et Léa, noire. Elles sont de taille moyenne et très menues. Très sylphides : gracieuses et légères. D'autres guides ont suivi que ce soit au cours de cette méditation faite à d'autres moments soit dans d'autres circonstances : Dieu, Yéiayel, Le Druide, Poséidon et parfois des personnages que je ne connais pas, que je rencontre une fois. Ils me délivrent un message et je ne les revois pas. Puis il y a ceux que j'ai connus dans cette vie. Ma Mallow d'amour. Mon grand-père maternel est resté avec moi pendant 30 ans. Puis un jour, lors d'un auto-soin Reiki, il m'est apparu pour me dire qu'il était fatigué et qu'il était temps pour lui de se reposer. Il m'a dit : « Quelqu'un est près de toi pour te guider ». Puis mon troisième enfant est apparu. Il est resté avec moi pendant plus de vingt ans et je n'ai jamais soupçonné sa présence. Il m'est apparu comme un enfant de sept/huit ans, brun, les yeux noisette et si beau. Il m'a dit : « Moi aussi Maman, je pars. Tu n'as rien à te reprocher. Tout est juste ». Je les revois l'un à côté de l'autre, main dans la main, me dire aurevoir, me tourner le dos, passer à travers un nuage qui se referme derrière eux. J'ai beaucoup beaucoup beaucoup pleuré. Et je n'ai plus ressenti la présence de mon grand-père à mes côtés. Il apparaît de temps en temps avec ma grand-mère. C'est toujours un

201

immense bonheur de les serrer contre mon cœur. Je n'ai plus de larmes comme les premières fois. C'est de la joie et uniquement de la joie.

Quand on se permet de vivre ces expériences, on se rend compte que les personnes que l'on aime et qui sont parties de l'autre côté, sont toujours là. La mort est un pas sage, le grand départ. Juste dans une autre dimension, un autre espace-temps. Alors quand l'envie me prend, je vais les retrouver.

J'arrive au vaisseau. Le Druide est toujours là, à la porte. Je l'appelle Le Druide mais il est indescriptible. Et il change de forme à chque fois. Gros câlins.

Mes guides viennent à ma rencontre. Quel plaisir partagé ! Etreinte, rire et petite remontrance d'une tendresse infinie sur le fait je ne viens pas souvent les voir.

- C'est vrai. Mais je vous sais avec moi tout le temps. Et nous communiquons à chaque instant.
- Taratata, me répond Léa. Excuse, excuse, excuse. Ce n'est pas la même chose. Alors, dis-moi, qu'est-ce qui t'amène ?
- J'avais simplement envie de vous voir. Aurais-tu un message à me transmettre ?

-   Oui. Viens, ne restons pas dans le couloir. Allons nous asseoir... mmmm...

Léa réfléchit, son index droit sur sa bouche.

-   Ca te dit d'aller ailleurs que de rester dans le vaisseau ?
-   Oui, je te fais confiance.

Et nous voilà parti dans l'espace. Nous virevoltons, dansons, chantons, rions, faisons la course. Puis apparaît un énorme nuage blanc, bien épais, bien moelleux. Nous nous y installons, allongées l'une à côté de l'autre.

-   Bon c'est quoi le problème car ton « Aurais-tu un message à me transmettre » je n'y crois pas trop... me dit Léa sur un ton du style « avec moi on me la fait pas ».
-   Promis rien de spécial ! Ma vie me plait.

La question amoureuse tournait en boucle donc je l'ai remis dans les mains de l'Univers.

Je n'ai pas conscience du temps qui s'écoule. Je sais que nous restons silencieuses un moment. Puis Léa me dit :

-   Tu es une messagère c'est-à-dire que tu as une mission qui est en lien avec le fait de partager de l'information au monde, partager de la lumière au monde à travers tes expériences, tes explorations, ce que tu as vécu, ce que tu as appris. Tu

203

es spéciale et ta mission l'est aussi. Tu es différente des autres membres de ta famille. Tu es aussi différente, spéciale par rapport aux autres c'est-à-dire que dans un groupe tu fais la différence et c'est quelque chose que tu portes depuis toujours et qui n'a pas toujours été évident à porter. Ton chemin a été de comprendre ta différence et de l'accepter. Comprendre que tu es là pour quelque chose en particulier, que tu n'as pas les mêmes missions que les autres. Des personnes autour de toi et des situations t'ont permis de te connaître, de plonger à l'intérieur de toi, de reconnaître tes particularités, tes valeurs, ta valeur, ta singularité. Tu es particulière. Tu as quelque chose de particulier et tu es venue communiquer au monde, apprendre au monde. Tu apprends aux autres des choses qu'ils ne connaissent pas, des choses qu'ils ne connaissent pas sur eux-mêmes, des choses qu'ils ne connaissent pas sur leur vie, des choses qu'ils ne connaissent pas vis-à-vis d'un domaine.

Tu as un talent particulier, unique. Tu sais faire ce que beaucoup d'autres personnes ne savent pas faire et il y a chez toi ce « truc en plus » de très particulier, d'unique, de singulier qui est remarqué par les autres, qui est valorisé par les autres. Les autres reconnaissent ta valeur, ton talent, ta particularité, ton savoir. On te remarque aussi. Tu ne passes pas inaperçue. On te voit même si pendant longtemps tu ne t'es pas sentie si différente que cela.

- Oooooooooooooh si, et du plus loin que je m'en souvienne, je me suis sentie différente des autres.

- Certes ! Mais tu n'as pas toujours su faire de cette différence une force. Au contraire tu pensais que tu avais moins que les autres, que tu étais moins bien que les autres par rapport à cette différence. Tu as compris avec le temps que ta différence est une force et que cette force est à mettre en avant. C'est un atout. Tu es très douée dans ton domaine.

- J'avoue que parfois, je suis étonnée voire scotchée de ce que je suis capable de faire ou de ressentir. Je me dis : c'est fou que je sache faire ça !

- As-tu pleinement accepté tes capacités ?

- Accepté ? Oui. J'apprends chaque jour à vivre avec car elles évoluent. Ce sont des

205

mises à niveau régulières. Donc quand cela m'arrive, je l'accepte avec gratitude.

- Dans acceptation, je voulais plutôt exprimer le fait que cela fasse partie de toi.

- C'est vrai qu'au départ, j'avais l'impression que cela m'avait été donné comme ça et qu'à la limite, ce n'était même pas pour moi mais bon puisqu'on me l'a donné bah... je m'en suis servie. J'ai compris plus tard que cela fait partie de moi. Je fais un avec ce don maintenant.

- Oui c'est une partie de toi. Et ce n'est pas le fruit du hasard. Je suis heureuse que ce soit intégré.

Puisque c'est intégré, pourquoi n'oses-tu pas te mettre en avant ? De quoi as-tu peur ? Dans ce que tu dégages, ta beauté est incroyable. Ton aura est magnifique. Ton énergie, unique. C'est pour cette raison que les autres te regardent. Certains sont admiratifs. Alors pourquoi ce malaise à te mettre en avant, à valoriser ce que tu sais faire ou ce que tu es ? Je ressens qu'il y a certaines parties de toi qui veulent s'exprimer dans leur authenticité et d'autres parties qui sont un petit peu plus sur la réserve, qui ont des peurs, qui n'osent pas… Rappelle-toi : ta différence c'est ta force !

Tu es capable de manifester de grandes choses. Tu en as envie d'ailleurs, n'est-ce pas ?

- Oui. J'ai envie d'évoluer par rapport à qui je suis, par rapport à mes compétences et mes connaissances. Oui j'ai envie de le partager et de faire grandir ça parce que c'est quelque chose qui me plaît, qui m'attire.

- Alors pourquoi le remets-tu à plus tard ? Tu as la capacité de manifester et tu te cherches des excuses pour ne pas le faire tout de suite, pour ne pas être, pour ne pas réaliser, pour ne pas créer. Tu repousses, tu procrastines alors que tu souhaites le manifester. Encore une fois, qu'est-ce qui t'en empêche ? J'ai vraiment envie que tu te réalises et tu en as aussi envie parce qu'au fond de toi il y a cette foi. Il y a cette confiance et cette conscience que ce que tu souhaites créer, ce que tu souhaites réaliser est possible et peut devenir grand, peut devenir très grand !

- C'est beau tout ce que tu me dis. Je suis très émue. Merci Léa. Tu as raison mais

207

comment faire ? Et ne me réponds pas que la réponse est en moi… bla bla bla.

Nous rions.

- J'avoue que c'est ce que j'allais te répondre. Prends confiance en toi pour manifester la vie de tes rêves.

- J'ai confiance en moi.

- Pas pour tout. Tu mets du temps pour accomplir certaines choses parce que tu as besoin de temps pour comprendre les choses, pour les intégrer et pour les accepter surtout ! Toutes les parts de toi ne vont pas dans le même sens, dans le sens de la réalisation de cette mission, dans le sens de l'expression de ton authenticité : il y a des parts de toi qui ont envie d'y aller. Il y a d'autres parts de toi qui n'en ont pas envie. Je te rappelle que tu as le pouvoir et la capacité de manifester ce que tu souhaites créer. Et je ressens une retenue. Tu ne sais pas si c'est bon pour toi tant que tu n'as pas essayé. C'est dingue parce que tu t'es lancée à maintes reprises avec courage et foi et là pour une chose, je dirais, moins risquée, tu as peur. Trouve ton équilibre, ton harmonie entre ces différentes parties. Sais-tu de quoi tu as peur ?

- De la réussite parce que je sais, je sens que je suis capable de grandes choses, que je peux avoir un grand impact. Ça me fout la trouille !!
- Ok, une peur de te montrer aussi. Qu'on te regarde, d'attirer l'attention, que les regards soient tournés vers toi parce que tu veux te cacher. Tu voudrais exprimer ton don, tes connaissances sans être vu Alors, moi, Léa, je te demande de te montrer au monde. Sais-tu quel risque tu prends en ne le faisant pas alors que c'est ce que tu souhaites ?
- Non je ne sais pas.
- La frustration, ça te parle ?
- Mouais...
- La frustration de ne pas être là où tu souhaites être. Comme tu n'es pas satisfaite à 100 % de cette situation, tu vis mal le fait de ne pas réussir justement à prendre ce risque. Donc ce n'est pas la peur de la réussite par rapport au succès, c'est de réussir à le faire, c'est ça ?
- C'est ça !
- Tu veux bien mettre plus de douceur pour toi ? Je te trouve un petit peu sévère avec toi de ne pas parvenir à prendre ce chemin.

Tu sais, il y a quelque chose à comprendre en fait dans tout ça. Il y a une leçon à tirer.

- Oui, c'est sûr ! Laquelle ? Quelle est la leçon à tirer de cette expérience ?

Léa éclate de rire.

- Pourquoi ris-tu ?

- Parce que tu voudrais que je te donne la solution sur un plateau. Je te positionne déjà sur le bon chemin... Le reste t'appartient : de le prendre ou d'en choisir un autre. Mais tu sais que ce chemin se représentera encore et encore tant que tu ne l'auras pas expérimenté. Alors autant le prendre tout de suite !

Je t'encourage à te centrer, à porter ton attention sur la leçon plutôt que de te flageller sur ce que tu n'arrives pas à faire. Je t'encourage à rester focus sur l'intention, sur ce qu'il y a au fond de toi, sur ton cœur parce que l'intention initialement elle est là. L'intention c'est la graine, c'est l'étincelle qu'il y a à l'intérieur de toi. Et cette étincelle te pousse dans une certaine direction. C'est ça qui est à prendre en compte. Laisse de côté tous ces conflits mentaux qui viennent s'ajouter. Ecoute ton cœur.

Tu ne peux pas garder ta connaissance pour toi. Limite, c'est interdit ! Il faut partager au monde. Tu le fais déjà dans les formations, les livres, les rendez-vous et les informations que tu distilles à travers les réseaux. Tu le fais d'une façon différente des autres, novatrice, original. Tu apportes quelque chose en plus.

La graine (l'intention) que tu as semée va germer puis grandir. Il arrivera un moment où tu ne pourras plus l'occulter parce qu'elle va prendre de plus en plus de place.

- Oui je le sens. Je reçois de plus en plus de signes.

- Cesse d'être toxique pour toi-même avec ce comportement. Tu mets des bâtons dans tes propres roues. Comme si tu t'autosabotais.

- Ce n'est pas comme si. Je m'autosabote. Je le sais. Et pour l'instant, je n'arrive pas à faire autrement.

- C'est pour cela que je te dis d'être un peu plus douce avec toi.

Je le répète, tu as des choses à communiquer au monde, c'est beau. C'est créatif. Tout part de ton énergie, de ton cœur, de ton mental, de tes idées. C'est puissant. C'est tout simplement magnifique. Tu es douée dans ce domaine. Ce que tu possèdes est puissant et précieux. Ose prendre cette direction : te montrer dans ton authenticité et te réaliser avec cette graine que tu as à l'intérieur de toi. Tu as des capacités de clairvoyance qui sont extrêmement puissantes, tu es capable de transmettre des messages de façon extrêmement claire, extrêmement précise, extrêmement puissante. Tu es médium, thérapeute et quand les personnes viennent en séance, tu vois des choses que normalement tu n'es pas censé voir. Tu vois au-delà de certaines choses. C'est l'assemblage de toutes tes connaissances et tous tes dons qui font de toi la personne unique que tu es.

C'est le moment optimal. C'est maintenant. Ce n'est pas après. Ose aller dans cette direction qui t'appelle et qui t'attire et pour laquelle tu retardes l'échéance.

Ne cherche pas de réponse avec ton mental. Seuls l'intuition et le ressenti peuvent te guider. Tout arrive dès que tu es consciente de tes potentialités. Fais confiance. Je sais c'est bateau de te dire cela mais c'est vraiment ça. Peu importe ce qui occupe tes pensées, fais confiance en ton intuition et en tes ressentis.

Ne t'égare pas par des distractions, par ton mental, par des pensées parasites qui t'empêchent de voir la solution ainsi que les opportunités qui s'offrent à toi. Si tu es parasitée par des énergies et des pensées négatives, tu n'arriveras pas à voir le côté positif des choses. Donc arrête d'écouter ton mental et ses peurs. La solution est en toi. Oui je sais, ça aussi c'est encore une fois bateau de dire ça mais c'est vraiment ça. Si tu es parasitée par tout un tas de bruits extérieurs, tu ne peux entendre la solution qui est en toi. Laisse s'envoler les énergies et les pensées négatives.

Au fond de toi, tu le sens, tu le sais en plus. Eh bien c'est ça qu'il faut écouter ! La solution est sous ton nez.

- Dans ma bouche ? Ou sur mes lèvres ? Le menton peut-être ? Plus bas ? Mes pieds ?

- Rooooo arrête tes conn… tes bêtises ! Oh tu vois tu me fais dire des gros mots !!

J'adore rire avec Léa. J'adore rire avec mes guides. Ils ont un sens de l'humour sacré. Heureusement, sinon, ils auraient tous jeté l'éponge depuis un bon moment.

- Tant que tu te laisses parasiter par le manque…

213

- Le manque ? Plutôt une peur...
- Petit rappel : il y a deux émotions, l'amour et la peur. Le manque vient-il de l'amour ?
- Non, donc il est généré par une peur. Dans ton cas, c'est parce que tu crois manquer de quelque chose que tu as peur de réussir à passer le cap... du style : « J'ai trop de ci et/ou pas assez de ça » ou encore le fameux « Il me manque tel matériel » en passant par l'irrésistible « Je ne me sens pas légitime » pour finir par l'indispensable « Mais ce que j'ai à dire, ça va intéresser qui ? Y'a déjà plein de gens qui le font »... Oui bien sûr, il y a d'autres personnes qui le font. Plein, je n'irais pas jusque-là. Pourtant il y a déjà des écrivains, des thérapeutes et des formateurs. Cela t'a-t-il freiné ?
- Non !
- Pourtant je me souviens que tu as douté de ta légitimité de publier, de prendre soin et de former. Et tu l'as fait. Regrettes-tu ?
- Bien au contraire ! J'en suis même fière.
- Tu peux. Bon... je reprends... Tant que tu te laisses parasiter par le manque, tu ne peux voir la solution et tu tombes dans le cercle vicieux de négatif négatif négatif !

Tu cherches une solution, va marcher ! Tu ne la trouves pas, continue de marcher. Ou pars en vacances ou fais une retraite. Ne serait-ce qu'une escapade de deux jours. Eloigne-toi de tout ce qui te met la pression, de tout ce qui t'angoisse, pars à la rencontre de gens différents de ton quotidien et que tu ne connais pas (voir des personnes avec une autre façon de penser, une autre culture, d'autres croyances, etc, ça peut t'ouvrir à tant d'opportunités et de clarté) peu importe mais vraiment, c'est nécessaire de prendre du recul et du temps pour toi. Tant que tu restes dans un milieu qui surstimule le mental, tu n'arriveras pas à écouter ton intuition, à te recentrer sur toi. Silence, calme, état méditatif, plaisir... Puis, écoute et comprends ce que ton intuition te dit. Fie-toi à elle.

Quand tu affrontes tes peurs du succès ou de l'échec avec honnêteté celles-ci n'ont plus d'emprise sur toi. Libère-toi de tes peurs en les mettant à la lumière de la conscience et tu découvriras que tu as toutes les raisons d'avoir confiance. Toutes les personnes qui ont réussies ont déjà lutté avec le doute de soi et elles s'en sont libérées. Envole-toi vers de nouveaux horizons. Envole-toi pour te détacher de ce truc d'échec et de succès qui m'agace si tu savais !!! Aaaaah !!! Juste vivre l'instant et ça n'aura plus de pression. Pouf ! Envolé, disparu... L'instant présent libère.

C'est très important que tu comprennes d'où cela vient afin de comprendre tes peurs. Et peut-être t'apercevoir aussi que tout ceci ne t'appartient pas ! Pourquoi as-tu peur de manquer ? Qu'est-ce qui a fait dans ta vie que cette peur s'est manifestée à un point où actuellement ça te fait un blocage ? Parce que si tu n'as pas confiance en toi et en tes capacités, si tu ne crois pas en toi, si tu sens que tu ne mérites pas aussi l'argent que tu gagnes, etc, c'est logique qu'il y ait un blocage. Pourquoi l'Univers te donnerait de l'argent si toi-même tu penses ne pas le mériter ? Tu ne peux pas attirer ce que tu crois ne pas mériter. C'est d'une logique implacable.

Il est important de sortir de cette confusion, de ce doute, de cet état d'esprit qui est to-ta-le-ment désorienté. Comme tu écoutes ton ego, tu veux faire plaisir aux autres et tu ne prends pas forcément les bonnes décisions pour toi.

Et ça te met dans une situation hyper compliquée à tenir pour toi et qui te met le doute.

- Quelle est la solution ?
- Tu le sais au fond de toi. Je vais juste traduire ce que te dit Lili sur son vélo aux petites roulettes : « Prends des décisions basées sur ce que tu ressens, écoute ton corps, écoute-toi. Fixe des objectifs clairs, autorise-toi à rêver, à avoir des désirs et à vouloir les accomplir. Va de l'avant, regarde vers le haut, ose espérer mieux, des choses plus en accord avec toi-même. Change-toi les idées et ton état d'esprit : la solution est en toi et si elle prend du temps à arriver, au lieu de rester dans l'attente et la frustration, d'autant plus que tu ne peux changer les choses, change-toi les idées.

L'attente est une bonne chose. Cela te permet de prendre du temps pour te reposer.

Dompte ton état d'esprit afin d'arriver à dompter tes émotions parfois un peu trop fortes : l'impatience qui engendre la colère, par exemple.

C'est épuisant d'être toujours dans le combat. Alors prends le temps de te

217

poser. C'est ce que la vie t'offre dans cette attente.

Tu as une grande force intérieure et tu ne te laisses pas vaincre facilement. Alors pourquoi laisser ton impatience prendre le dessus au risque de perdre la partie et de tout faire capoter ? »

Chemin 17
La joie

Waouh ! Dialoguer avec Léa m'a mis en joie 😊

La joie est mon objectif. Qu'est-ce qui me met en joie ? Si c'est de dire non, alors je dis non ! Si c'est de m'éloigner, alors je m'éloigne !

J'ai de plus en plus de synchronicités, des petits trucs qui me font dire : « Tiens je devrais aller par-là ! Ou tiens je devrais faire ça ! » Je me protège aussi de mes émotions afin de ne pas prendre de décisions sous leur influence.

J'ai bien compris que personne ne peut devenir le centre de ma vie si je ne m'y trouve pas moi-même.

Moi seule ai le pouvoir de décider de la personne que je souhaite devenir.

Je cherche dans mon cœur quand j'ai une décision à prendre.

Et comme je sais que ce que je pense engendre des émotions et que ces émotions créent ma réalité, je ne mets que de la joie dans mes pensées pour que mon jardin intérieur se reflète à l'extérieur.

Si je suis alignée avec ça tout se passe bien. Car on ne peut tromper les vibrations.

Parfois, mon mental lutte encore. Alors s'engagent les pourparlers avec moi-même. C'est pour cette raison qu'il est important que mon jardin intérieur soit dans la joie. Le mental va regarder comment je me sens parce qu'il est là pour me protéger. Donc si mon mental sent que je suis en joie, il va laisser ses armes de protection au placard, bien rangées, portes fermées à double tour et me laisser vivre tranquillement sans me mettre des trucs dans la tête.

C'est pour cette raison que je ne fais que des choses qui me mettent en joie. Ces choses peuvent être très simples : boire un thé tout en faisant des mots croisés, cuisiner, ranger et nettoyer mon chez moi ou demander un peu plus de centrage comme mon métier, écrire, bosser sur de nouveaux projets, étudier, danser... mais quoi qu'il en soit, toutes ces activités me mettent en joie.

Et vous, dans quelle énergie êtes-vous ?
Qu'est-ce qui vous met en joie ?

Chemin 18
Je crois en vous

Chaque matin, en me réveillant, je fais le choix d'aller là où je veux. Je suis ce que me dicte mon cœur. De ce qui est juste pour moi même si ce n'est pas forcément l'avis le plus populaire. Et même si ça l'est, je prends surtout en compte comment je me sens par rapport à cette décision ou cette situation et je fais le choix dans le sens de mon plus grand bien, de ma plus grande joie et de là où je me sens la plus vivante, la plus moi-même tout simplement. Si je me sens dans le doute, la confusion, la peur, si j'ai l'impression de forcer, c'est que j'écoute les jugements ou les conseils de quelqu'un qui n'est pas tout à fait dans son cœur ou qui ne voit pas qui je suis pour de vrai. Ça peut être moi aussi qui ne suis pas mon cœur ou qui suis trop dans le jugement de la situation ou de moi-même.

A ce stade de mon parcours de vie, je simplifie au maximum. Je fais les choses à ma façon et je cesse de me critiquer et de me juger. J'incarne alors ce que je suis et ce que je veux. J'accepte les pleines conséquences. Quand je me sens heureuse de faire ces modifications, c'est que c'est la bonne décision. Le chemin est alors lumineux, authentique.

Cela m'a pris du temps pour m'autoriser à aller là où je veux. Car j'avais une certaine forme d'idéal, une certaine forme de conformité. Au fil du temps, je me suis rendu compte que je ne pouvais plus répondre à ce conditionnement, à ce code moral.

Et tout ceci joue sur tous les domaines de ma vie. Comme déjà aborder dans un chapitre précédent, je ne veux plus me sentir obligée de tout faire en fonction d'une personne. Je ne veux plus me sentir obligée de contrôler ce que fait la personne. Je ne veux plus vivre à travers cette personne. Le fait de me rapprocher de moi-même et de faire les choses comme je veux sans me culpabiliser, sans me juger toutes les cinq minutes, sans imaginer ce que les autres vont dire ou je ne sais quoi ou ce qu'ils disent peut-être ou patati patata me permet de relâcher le contrôle (moins dans le contrôle avec moi et donc moins dans le contrôle avec les autres).

Un exemple : je suis avec quelqu'un et je veux que cette personne prenne plus soin d'elle ; plutôt que de contrôler cette personne, je vais prendre encore davantage soin de moi et ça va peut-être l'inspirer à prendre soin d'elle-même.

Je n'apprécie pas que l'on me dise ce que je dois faire pour moi-même. Alors pourquoi le faire à l'autre ?

Qu'est-ce que je veux chez l'autre et que je ne fais pas pour moi ? Etre honnête avec soi

225

avant tout... Cela me permet d'accéder à l'énergie de l'humilité. Et peut-être même de compassion vis-à-vis de l'autre et vis-à-vis de moi. Chacun fait au mieux de ce qu'il peut. Le fait de me focaliser sur moi et de devenir une nouvelle version de moi (j'écris nouvelle et non pas meilleure car je suis à chaque instant la meilleure version), d'aspirer à évoluer et à grandir, d'être heureux me permet de voir le monde avec une nouvelle paire d'yeux (Dieu). Ce n'est pas que je n'ai rien vu pendant des années, c'est que je me suis éveillée et que tout s'illumine d'un seul coup. Et c'est ce qui me fait dire que la vie peut être plus simple, plus lumineuse. Je suis capable de générer ma propre abondance. Je suis capable de prendre soin de moi. Et en prenant soin de moi, j'inspire l'autre à prendre soin de lui. Revenir à moi.

Me tourner vers mon propre bonheur, ma propre joie, vers mon propre soleil.

J'inspire aussi une vie dirigée avec le cœur. J'attire l'abondance en vivant une telle vie. Quand je décide de faire les choses de manière authentique, quand je décide d'écouter vraiment mon cœur et d'agir sans me juger, me critiquer, me rejeter, m'en demander trop, quand je vais vers ce qui m'appelle (bien évidemment sans blesser les autres de manière délibérée, de dire des méchancetés, etc sous prétexte d'exprimer ma liberté. C'est important de prendre en considération l'autre mais cela ne doit pas devenir la priorité au point de m'oublier), je trouve alors le point d'équilibre, le juste milieu.

En supprimant de ma vie, le fait de me juger, de me critiquer, le conflit intérieur et en voulant juste suivre ma boussole intérieure et aller vers le bonheur, je manifeste beaucoup de réussite et d'abondance.

Je suis sur ce chemin de lâcher prise, de lâcher le contrôle, d'inviter de nouvelles expériences, d'être plus consciente, plus dans la compassion, plus en mon cœur aussi.

Chaque lâcher de contrôle est une ouverture à l'amour. La vie me pousse bon gré mal gré à évoluer vers ça, me pousse vers le renouveau qui me pousse vers plus de perspectives, vers plus d'ouverture d'esprit, vers plus d'excentricité aussi, d'oser tout simplement être moi.

Souvent quand je n'ose pas être moi-même, je deviens contrôlante avec les autres parce que je me réprime, je m'empêche d'être.

Et accepter aussi que certaines choses ne peuvent changer.

Ce que je cherche, me cherche aussi et quel que soit le domaine. Cela ne veut pas dire que je suis demandeuse et que les autres sont là pour donner. Non. Les autres aussi sont demandeurs. Les situations que je souhaite me demandent aussi. Le patient, l'élève, l'inspiration, le partenaire, le voyage, etc me cherchent aussi.

Cet état d'esprit me sort de la peur de ne pas obtenir ce que je veux ou que cette chose que je désire tant est bien trop grande pour moi ou inatteignable, etc. ou d'une position qui quémande.

Il y a toujours une équivalence, une réciprocité entre « la demande et l'offre ». Je veux simplement attirer dans ma vie ce qui m'appelle. Et comme cela m'appelle, je suis aussi attirée.

J'ai laissé tomber les boucliers. Je me suis ouverte à l'amour divin et mon cœur est guéri. Ce qui me permet de relâcher les tensions, de me détendre, de sortir de l'état de qui-vive, de survie. Moins de confusion et plus de clarté. Je suis en sécurité.

Quand je sens à nouveau ma tête sous l'eau, je demande à mes guides de m'indiquer ce qu'il reste à nettoyer, à guérir que je ne peux voir, de m'envoyer des messages clairs et de me montrer la voie. Dans la douceur de leur amour inconditionnel, je me détends, je respire avec calme et la vie fait son œuvre. Et j'avance en confiance sans craindre que quelque chose de terrible arrive encore. Confiance en moi. Confiance en la vie.

En enlevant boucliers et masques, je suis devenue authentique, vulnérable. Je suis sortie de ces allers-retours entre je me donne à fond et face à la trahison ou la déception, je ferme les portes et je réagis de manière nocive.

Je peux être vulnérable car j'ai appris de mon passé, de mes erreurs. J'ai, pendant un moment, penser que mon cœur s'était fermé à cause de mes expériences passées. Il était juste en train de se renforcer. J'ai appris à me défendre face aux autres, face aux circonstances de la vie. Je sais que ce ne sera plus jamais aussi terrible, plus jamais aussi difficile que ça l'a été. Bien sûr, il y aura des moments pas faciles ; je devrais faire face à la mort, à la perte, au changement de manière générale mais je sais que je ne vivrais plus des situations aussi toxiques, aussi négatives que ce que j'ai vécu.

J'ai fait entrer le soleil dans ma vie.

Croire en mes peurs, c'est ne pas croire en moi. Croire en moi, c'est ne plus croire en mes peurs.

C'est mon attitude, ma foi, ma force intérieure qui attirent certaines expériences, certaines situations, certaines personnes dans ma vie. Il y a donc des moments où j'attire des choses indésirables. Et je reste confiante car c'est une opportunité d'appliquer ce que j'ai appris pendant toutes ces années, d'appliquer cette confiance en moi aussi et de me dire : « Bon, si ça ça m'arrive ce n'est pas que je le mérite, c'est juste que cela me permet de réagir de manière différente, de prendre du recul et de réagir à partir de mon moi qui est guéri ».

Je ne sais ce que la vie me réserve. Je reste ouverte à tout. Je ne m'arrête plus sur mes expériences passées pour définir mon futur. Je ne m'attends à rien de précis. L'attente peut parfois être vraiment très difficile à vivre, très douloureuse, être source de déception aussi. Ne rien attendre et en même temps croire que tout peut arriver.

Prendre mon temps.
Goûter au silence par moment.

Respirer avec lenteur et profondeur trois fois avant de réagir. Et vérifier si c'est toujours utile 😊

Vulnérable et forte à la fois.

Tourner vers l'amour.

Me défendre avec fermeté mais toujours bienveillante sans blesser l'autre, sans le piquer.

Être fière de moi.

Reconnaître ma valeur.

Reconnaître la valeur des efforts fournis.

Tout étudiant a un professeur.

Ne plus jamais avoir honte de moi, de qui je suis. J'accède à la perfection qui est en moi. J'ai tout ce dont j'ai besoin. Je cesse de me cacher. J'arrête d'estimer que ce n'est pas pour moi, que je ne suis pas à ma place, que je fais moins bien que les autres et toutes ces bêtises que je peux me raconter. Pour toujours et à jamais, je cesse de me malmener, de ne pas croire en moi et de me critiquer. Je sais que je ne fais pas toujours tout bien et est-ce une raison suffisante pour me mettre la rate au court-bouillon ?

Parfois, j'ai été tellement dure avec moi, tellement dans le jugement que je ne voyais pas toutes les belles choses autour de moi.

J'ai passé une porte. Un nouveau jour se lève. Le nouveau monde est là devant moi. Mon nouveau monde. Je m'y promène et je fais de nouvelles découvertes sur moi, sur d'autres, sur des choses, sur la vie. Ma vision a changé. Comme une possibilité de tout refaire, de tout reconstruire avec un champ libre, un champ des possibles d'une immensité à peine croyable. Tout s'ouvre.

Je nettoie et je libère encore. Je déconstruis le négatif, des croyances, des pensées, des schémas, des barrières. Je casse les limites et en les cassant, je me rends compte que la plupart c'est toute seule que je les avais mises.

J'ai trop longtemps cherché à l'extérieur les solutions... enfin, les problèmes et les solutions ! Les problèmes étaient à l'extérieur donc les solutions étaient à l'extérieur mais en réalité, les problèmes et les solutions étaient à l'intérieur de moi. Il n'y avait absolument rien à chercher à l'extérieur.

Tous mes acquis, toutes mes ressources me permettent de construire dans la matière. Je mets toutes mes compétences, mes qualités, mes apprentissages, mon passé au service de la construction de ce que je veux vivre maintenant. Je pars à la conquête de mes désirs, de mes souhaits, de mes envies, de mes besoins. Tout ce que je n'ai pu vivre, tout ce qui m'a échappé comme si j'en avais été tenue éloignée, mise à l'écart, là, il est temps d'y aller.

Je m'ouvre avec exaltation aux plaisirs de la vie. Je suis devenue une personne qui a à cœur de profiter de sa vie plutôt que de la subir.

Je suis fière de ma vie, je suis fière de ce que j'ai accompli, je suis fière de tout ce que j'ai dépassé aussi. Et je peux enfin me dire que tout a du sens finalement. C'est ainsi que j'aborde la vie maintenant.

C'est une magnifique transformation spirituelle qui s'opère dans ma vie, dans mon monde. Un éveil de conscience. C'est l'union du ciel et de la terre, de l'esprit et de la matière. Une union dans un équilibre harmonieux.

Invitation :

Chaque matin, demandez à vos guides de vous montrer combien la vie peut être merveilleuse. En faisant cela, vous poser une intention. Par exemple : « Je vois la beauté de la vie ». C'est aussi s'engager à regarder le positif.

19. Le chemin continue

23 novembre 2016, le premier jour du reste de ma vie…

Quand tout s'est effondré, quand tout a été remis en question, quand tout a été chamboulé, quand le doute s'est installé, c'est à ce moment-là que ma quête a commencé. J'ai pris conscience alors que j'étais comme enfermée dans une vie et dans des schémas qui n'étaient pas bons pour moi. Comme si je n'étais pas moi-même. La moi d'avant était une moi blessée qui s'empêchait d'expérimenter la vie en raison de souffrances émotionnelles. Ces blessures étouffaient mon authenticité.

J'ai appris à me servir de toutes mes expériences pour transformer cette souffrance en quelque chose de positif dans ma vie. Comme un condensé de tous mes apprentissages mentaux, émotionnels et spirituels, de tout ce que j'ai expérimenté, appris et compris. J'ai rassemblé tout ce j'ai vécu pour en faire un autre parcours de vie. Je me suis dirigée vers une vie totalement différente de celle que je vivais. Je ne cherche pas à être quelqu'un d'autre. Je ne supprime rien ni ne rejette tout ce que j'ai vécu. Au contraire ! Je suis qui je suis aujourd'hui avec toutes ces expériences.

Mon intuition s'est développée et mon cœur est apaisé. Mes émotions ne prennent plus le dessus sur mon intuition. Par exemple, j'ai souvent su qu'une personne au niveau sentimental n'était pas pour moi. Je ressentais qu'il y avait un truc qui n'allait pas. Et comme je me laissais guider par mes émotions, parce que dépendante affective, que j'avais de la difficulté à être seule, je n'écoutais pas mes intuitions. J'écoutais mes émotions tout simplement parce qu'elles me submergeaient. Bien évidemment que j'ai plongé la tête la première dans des relations malgré tous les drapeaux rouges !!

Aujourd'hui ce schéma est terminé : quand je ressens, je m'écoute. C'est une connexion forte et puissante. Je m'aligne vraiment par rapport à ce que je pense, ce que je ressens, ce que je dis et ce que je fais. Ma transformation intérieure s'est alors matérialisée à l'extérieur. Je continue de ressentir des émotions et je n'en suis plus dépendante. Je peux recevoir de mauvaises nouvelles et être heureuse à l'intérieur. C'est un choix. J'agis pour mon bien-être.

Je m'occupe de moi. Je fais pour moi.

Je mets beaucoup d'amour et de douceur dans mes transformations.

Je suis devenue le parent de mon enfant intérieur. Je me suis portée secours. Je suis la seule personne à pouvoir le faire. De toutes les façons, personne ne pourrait le faire à ma place. Je prends soin de moi. Je m'honore. Je me réalise. Je suis ma priorité. Je suis importante. J'agis. Je mets en action. Je crée. Je donne l'impulsion pour aller vers le mieux. Si je veux quelque chose, je vais le chercher. Je refuse d'accepter ce qui ne me fait pas du bien, ce qui n'est pas juste pour moi. Je refuse d'accepter des situations qui ne me conviennent pas. Quand c'est le cas, je passe à l'action : je crée et peu importe le temps que cela prendra, peu importe les obstacles devant moi, peu importe les contraintes et les défis. Je reste motivée. J'exerce sur moi ma propre autorité, je me prends en charge.

Il y a davantage d'amour dans ma vie depuis que je me donne davantage d'amour.

Je me sens en paix, apaisée, en harmonie, en joie, unie en moi-même.

La Lumière est mon guide. Tout le chemin parcouru a été guidé ; mes expériences ont été guidées. J'ai été guidée dans le but de cette transformation, étape par étape. C'est comme si on m'avait tenu la main pour m'emmener là où on souhaitait m'emmener.

A mon tour de montrer l'exemple aux autres. Je suis en même temps portée par cette Lumière et je suis devenue la porteuse de Lumière. J'aide de tout mon cœur les personnes qui ont vécues ou vivent de la souffrance afin qu'elles s'en sortent au mieux, qu'elles évoluent au mieux, en souhaitant atténuer leur douleur autant que possible.

Et puis, j'ai à mes côtés, entre autres, mon arrière-grand-mère maternelle, Zelinda. Elle me dit souvent de rester concentrée sur mes rêves, mes objectifs. Elle œuvre en ce sens pour que rien n'interfère. Elle me dit : « Accomplis tes rêves ! Je n'ai pas pu faire tout ce que je voulais dans ma vie sur Terre. Je n'ai pas pu réaliser tous mes rêves car ma situation à l'époque ne me le permettait pas. Alors, accomplis des choses pour moi. Fais-le pour toi et aussi pour moi s'il te plaît. Réalise tes rêves. Ne fais pas la même erreur que moi ».

Elle m'aide à redéfinir mes priorités, à ne pas m'oublier. Elle me protège de l'illusion, des mensonges, des tromperies, de ce qui se cache derrière le voile puisqu'elle y est et que je ne peux voir. Elle voit ce qui est bon et ce qui ne l'est pas pour moi. Elle m'aide à faire confiance à mon intuition, à ma perception.

239

Elle a été à mes côtés à chaque étape de ma vie même si je n'en ai conscience que depuis quelques mois.

« Je te félicite pour tes réussites, je suis fière de toi et heureuse de voir que tu poursuis le chemin de tes rêves. Continue ainsi. Continue de provoquer ta chance. Toute ma richesse d'amour et de sagesse je la place en ton cœur. »

Il me reste beaucoup à vivre. Beaucoup d'âmes à rencontrer.

Je suis en gratitude pour le chemin parcouru et pour cette opportunité de devenir qui je suis.

J'ai été au fond du fond du fond. J'épure encore mais en mode horlogerie fine.

Je gère ma vie seule, non en solitude, mais en plénitude, en alignement total par rapport à moi.

Je stoppe l'autosabotage pour laisser plus de place à la souplesse, la gentillesse et à l'indulgence vis-à-vis de moi. J'ai appris à me valoriser. Je suis fière de moi.

Je suis devenue le parent dont j'avais besoin enfant pour me faire des câlins.

Je peux rentrer chez moi parce que je suis libre de partir...

Pour trouver son chemin...

1	La diseuse de bonne aventure	17
2	La rive	37
3	L'amour amoureux	41
4	Entrez les artistes !	57
5	Non mais allo quoi !	69
6	L'âme retrouvée	79
7	En studio	85
8	Regarder pousser les rosiers	129
9	Peux mieux faire	149
10	Le stop divin	153
11	Au secours ! Je vais bien !	157
12	Ma Merveille d'Amour	161
13	La prison mentale	165
14	Au-delà du miroir	169
15	Les fleurs ne poussent pas sur des champs encombrés	179
16	Voyage dans les nuages	199
17	La joie	219
18	Je crois en vous	223
19	Le chemin continue	235

DU MEME AUTEUR
EN AUTOEDITION CHEZ BoD

L'encre des maux

Tome 1- D'elle à il, la complétude

Tome 2- Sortir du « jeu » de l'égo

Tome 3- Fin du moi, début du nous

Au-delà, mon cœur pétille !
Un autre regard

Reiki Usui (manuels de formation)

1er degré, Shoden, enseignement pour les débutants

2ème degré, Okuden, enseignements cachés

3ème degré, Shinpinden, enseignements des mystères

https://valeriebattaglia.com

FSC
www.fsc.org

MIXTE

Papier issu
de sources
responsables
Paper from
responsible sources

FSC® C105338